Annika Joeres
Vive la famille

Annika Joeres

Vive la famille

*Was wir von den Franzosen
übers Familienglück lernen können*

FREIBURG · BASEL · WIEN

MIX
Papier aus verantwor-
tungsvollen Quellen
FSC® C083411

© Verlag Herder GmbH, Freiburg im Breisgau 2015
Alle Rechte vorbehalten
www.herder.de

Satz: Layoutsatz Kendlinger Mediendesign, Freiburg
Herstellung: CPI books GmbH, Leck

Printed in Germany

ISBN 978-3-451-31236-6

Inhalt

Glückliche Eltern haben glückliche Kinder 7

Der unpassende Zeitpunkt 16

Der unperfekte Vater 31

Das gute Gewissen 45

Die entspannte Geburt 66

Die sorglose Betreuung 84

Die geschätzte Großfamilie 109

Die freie Zeit 122

Der gerettete Beruf 144

Das verständige Kind 166

Das geteilte Essen 177

Die feiernden Kinder 192

Der gepflegte Körper 202

Literatur 221

Glückliche Eltern haben glückliche Kinder

Vielleicht hätte ich in Deutschland nie Kinder bekommen. Vielleicht hätte ich als Journalistin meiner Karriere den Vorzug gegeben, wie es vier von zehn Akademikerinnen in Deutschland tun. Ich hätte Angst gehabt, mein Nachwuchs könnte mein Leben so stark verändern, bis es mir unheimlich wird und ich frustriert zuhause sitze und Pastinakenbrei koche.

Aber inzwischen lebe ich in Frankreich – und erwarte unser zweites Kind, kaum, dass das erste laufen kann. Die vielen entspannten französischen Familien haben mich mit ihrer Leichtigkeit angesteckt. Sie machen Lust auf Nachwuchs. Es scheint mir heute nur natürlich, Kinder in die Welt zu setzen und trotzdem meine Interessen und beruflichen Wünsche weiterzuverfolgen. So, wie es mir meine französischen Freundinnen und Bekannten vorgemacht haben.

Aber was ist das Geheimnis der französischen Großfamilie? Wie schaffen es Paare in Paris, Marseille oder Straßburg, auch mit zwei interessanten Jobs und mindestens zwei Kindern gelassen und gelöst durch ihr Leben zu gehen? Viele Jahre Alltag in einer kleinen französischen Stadt haben mich das Rätsel nach und nach lösen lassen. Ich war mit meinem Notizbuch in der Hosentasche unterwegs und habe mir bereichernde Sätze und Dialoge aufgeschrieben, ich habe meiner Hebamme gelauscht, habe erstaunt um Mitternacht mit französischen Kleinkindern gefeiert und die Vorzüge der Kindertagesstätte und der Ganztagsschulen in meiner Stadt genossen. Ich habe im Alltag die Ohren gespitzt, ich habe mit französischen und deutschen Freundinnen und Freunden über sie und ihre Kinder gesprochen, mit Kolleginnen und Kollegen, mit Bäckern, Bibliothekarinnen, Wissenschaftlerinnen und Soziologen, und ich glaube, das Rätsel der französischen Geburtenfreude langsam gelöst zu haben.

Dabei haben mich die Franzosen immer wieder überrascht. Sie haben es raus, eine Familie zu sein. Szenen entspannter Eltern mit einer Horde von zufriedenen und häufig sehr selbständigen Kindern, von Familien im Restaurant beim Vier-Gänge-Menü, bei Grillabenden, in der Kita und bei Freunden sind in meiner neuen Heimat auffallend häufig. Es gibt viele Gründe dafür, warum sie so viele Kinder wollen, und diese liegen nicht nur in der problemlosen Betreuung, die in Deutschland so jämmerlich fehlt. Sie liegen in einem ganz selbstverständlichen, unaufgeregten Verhältnis zu den eigenen Kindern und einer größeren Portion gesunden Egoismus. Wer so mühelos mit seinem Nachwuchs umgehen und leben kann, wie die Franzosen es tun, freut sich automatisch auf mehr Kinder.

Die Antwort darauf, wie wir eine glückliche Familie werden und Gutes von unserem alten Leben mit ins neue hinüberretten können, ist gerade für uns Deutsche hoch spannend. Wir trauen uns Kinder immer seltener zu. Deutschland rühmt sich gerne als produktiver Weltmeister, aber was sind all die exportierten Maschinen und Autos wert, wenn die Bevölkerung immer kleiner und seniler wird? Deutsche Paare bekommen nur noch rund 1,3 Kinder – also nur fast halb so viele wie französische. Damit hat Deutschland die niedrigste Geburtenrate aller 28 EU-Staaten. Noch dramatischer: Es ist das Land mit einer der weltweit höchsten Kinderlosigkeit unter Paaren. Wir sind neben Japan die Nation auf der Welt mit den ältesten Bürgerinnen und Bürgern: 42,1 Jahre ist ein durchschnittlicher Deutscher heute alt, aber er geht mit großen Schritten auf die 50er-Marke zu.

Das ist eine Katastrophe – gesellschaftlich, für den Staat, die Rente, die Städte. Aber vor allem ist es schade für potenzielle Eltern, die häufig auf Kinder zu verzichten lernen und sich den Nachwuchs freiwillig abschminken. Oder abschminken müssen.

Und nichts scheint diese Entwicklung aufzuhalten. Jeden Sommer zittern Familienpolitiker erneut vor den aktuellen Geburtenzahlen in Deutschland. Seit Jahren bekommen Paare weniger Nachwuchs, seit Jahren debattieren eine kinderlose Bundeskanzlerin und ihre verschiedenen Ministerien darüber, wie die Deutschen wieder mehr Spaß an Babys bekommen könnten. Und doch, trotz Elternjahr und Kindergeld, wird es auf der alljährlichen Pressekonferenz in Wiesbaden wieder heißen: Die Kurve sinkt erneut. Oder sie hält sich gerade so eben auf niedrigem Niveau. Und die Mütter werden immer älter: Waren Frauen in Westdeutschland 1970 bei ihrer ersten Entbindung durchschnittlich 24, sind sie heute 29, Akademikerinnen sogar 33 Jahre alt. Und wer älter ist beim ersten Kind, verbaut sich Chancen auf ein zweites oder gar drittes, allen medizinischen Versprechungen zum Trotz. Es trifft ausgerechnet eher wohlhabende Personen wie meine Freunde und Freundinnen und mich, die sich ein und mehrere Kinder finanziell längst hätten leisten können. Es sind Mediziner und Selbständige, Architekten und Ingenieurinnen, Wissenschaftlerinnen und Lehrer, die in stabilen Partnerschaften leben und sich trotzdem lange keines und später dann höchstens ein Kind zutrauen. Hauptschulabgänger kriegen nach wie vor zwei oder mehr

Kinder und sind dazu noch seltener verheiratet – es sind die Abiturienten und Akademiker, die Deutschland alt aussehen lassen.

Unsere Kinderlosigkeit bemerken als Erstes Menschen, die von außen anreisen. „Uns ist in Deutschland sofort aufgefallen: Euch fehlt der Nachwuchs", erzählte meine Freundin Brigitte, als sie von einem bayerischen Urlaub zurückkam. Sie war mit ihrem Mann und zwei Kindern zum Schloss Neuschwanstein gereist. Ihre Töchter waren überwältigt von den märchenhaften Türmen und dem goldenen Sängersaal, sie haben in Nürnberg die Altstadt besichtigt und sie „wunderschön" gefunden, sie haben Knödel und Butterbrezeln verspeist. „Aber dann fiel uns plötzlich auf – irgendetwas stimmt hier nicht. Hier sind keine jungen Menschen!", sagte Brigitte. In München seien sie etwas zahlreicher gewesen, aber ansonsten stellte Brigitte nach ihrem Deutschland-Trip eine düstere Prognose auf: „Ihr Deutschen werdet aussterben."

Das ist natürlich sehr zugespitzt. Brigitte ist eine theatralische Person. Wenn wir zusammen etwas amateurhaft Tennis spielen, reißt sie nach einem gewonnenen Ballwechsel die Arme hoch in die Luft und jauchzt dazu. Auf Partys tanzt Brigitte kunstvoll und als eine der Ersten – und zwar durch den gesamten Raum. Aber ihr Entsetzen war nicht gespielt: Es muss sie wirklich schockiert haben, dass in Deutschland weniger Kinder auf der Straße herumtollen, weniger Frauen mit dickem Bauch durch die Innenstädte laufen und seltener ein Baby zu hören ist.

„Ihr sterbt aus" – das mag ja für die Welt nicht schlimm sein. Schließlich wächst die Bevölkerung weltweit rasant. Wenn Deutschland nach neuesten Prognosen der UNO im nächsten Jahrhundert nur noch 56 Millionen – statt heute 80 Millionen – Einwohnerinnen und Einwohner zählt, ist das für die Erde bedeutungslos. Aber für jedes einzelne Paar ist es schade um das schöne Erlebnis, Eltern zu sein. Hans und ich sind heute mit unserem Sohn sicherlich glücklicher, als wir es ohne ihn waren. Wir freuen uns jeden Morgen darüber, uns nach langen zögerlichen Jahren getraut zu haben, eine Familie zu werden. Bestimmt haben wir das auch, weil es uns Frankreich leicht macht, nicht nur Papa und Mama zu sein, nicht nur Geschichtenerzähler und Breikocher. Nein, in Frankreich können Eltern auch ihre eigenen Geschichten erleben, unser Leben und vor allem das, was uns vorher daran wichtig war, existiert auch heute noch.

Ein bisschen abgespeckt ist unser Programm natürlich schon. Radtouren sind ebenso selten geworden wie lange abendliche Menüs. Aber wir genießen die Freiheit, die französische Eltern haben. Und ich bin mir sicher, dieses französische Glück nach Berlin, Hamburg und Wanne-Eickel befördern zu können. Es sind nicht unüberwindliche Unterschiede, sondern kleine Details, die den Alltag erleichtern. Zum Beispiel die Kitas, die nicht nur länger geöffnet haben, sondern von den Eltern weder Bastelnachmittage noch Weihnachtsplätzchen erwarten. Oder einfach schon, wie Franzosen früher und intuitiver ihre Partner wählen und wie sie ihren Kindern von Anfang an mehr zutrauen.

Französische Paare sind mutiger. In Frankreich blüht die Großfamilie: Mit 2,1 Kindern pro Paar schlägt das Nachbarland nahezu alle europäischen Rekorde. Dabei liegt es nicht etwa an einer katholischen Prägung wie in Irland – das Land ist zutiefst säkular, und Verhütungsmittel sind seit Ende der 1960er-Jahre problemlos und für bestimmte Einkommensklassen sogar kostenlos zu erhalten, selbst die „Pille danach" kann in der Apotheke ohne Rezept gekauft werden. Vier von fünf Paaren verhüten in Frankreich, auch das ist Weltrekord. Die Kinder kommen also in den allermeisten Fällen gewollt und geplant zur Welt. Auch sind Ehen und Partnerschaften nicht stabiler als im restlichen Europa, und auch die zugewanderten Menschen bekommen heute nicht mehr Kinder als die „Ur-Franzosen". Nein, es muss weitgehend unsichtbare Erklärungen geben, die nicht so einfach auf der Hand liegen wie vergessene Antibabypillen. Warum sich Franzosen leichtherziger für ihren Nachwuchs entscheiden, wollte ich unbedingt herausfinden – und aufschreiben.

Denn die Nachwuchsfrage ist nicht irgendein nebensächliches Mysterium. Ob wir überhaupt Kinder wollen, und wenn ja, wie viele, bewegt Menschen zwischen 20 und 45 Jahren häufig mehr als alle anderen Fragen. Deutsche und Franzosen träumen gleichermaßen von der Großfamilie: Viele wünschen sich ein Haus mit Kindern, einen großen Esstisch, an dem Eltern mit mindestens zwei, besser noch drei Töchtern oder Söhnen ihr Abendessen genießen. Wenn die Brüsseler Statistiker in ihre 28 Länder ausschwärmen und nach der idealen Familie fragen, sind sich Deutsche und Franzosen immer erstaunlich einig. Aber warum setzen wir Deutsche unsere Wünsche so viel seltener in die Tat um als unsere Nachbarn? Warum sitzen viele, vor allem gut ausgebildete Paare abends zu zweit am Essenstisch? Warum trauen sich Deutsche nicht, ihren Traum zu verwirklichen?

Die Frage nach den fehlenden Kindern ist bislang nur bruchstückhaft beantwortet. Dabei ist ihre Beantwortung in Deutschland längst zum wissenschaftlichen Sport geworden, es gibt Kongresse dazu, eine Menge Bücher und Veröffentlichungen und Forschungsprojekte – ohne dass sich bislang etwas geändert hätte. Geholfen haben all die Studien bislang kaum.

Vielleicht kann also ein Blick über die Grenze aufschlussreicher sein. Wir sind in München, Berlin und Bochum viel zu sehr in unserem Alltag verfangen, um einen vorbehaltlosen Blick auf uns selbst werfen zu können. Überzeugte kinderlose Frauen und Männer möchte ich nicht dazu bringen, mehr Nachwuchs in die Welt zu setzen – warum auch? Ich war selber 34 Jahre lang kinderlos, und mir fehlte eigentlich nichts im Leben. Aber ich möchte Paaren, die mit ihrem Wunsch nach Kindern hadern und zögern, die Angst haben vor der „großen Entscheidung", vor den hohen Kosten, dem fehlenden Schlaf, den nervigen Kindern, dem schwierigen Paarleben, den verlorenen Hobbys, ihre Beherztheit zurückgeben. Denn sich für Nachwuchs zu entscheiden ist eine hoch emotionale Frage. Nur wenige Eltern können rational erklären, warum sie Söhne und Töchter geboren haben. Sie haben sie, wie es die französische Philosophin Éliette Abécassis ihre Romanheldin sagen lässt, „aus Liebe, aus Langeweile, aus Angst vor dem Tod" bekommen. Aber die geschätzten 25 bis 29 Prozent an Frauen in Deutschland, die sich gegen ein Kind entscheiden, haben dies wahrscheinlich ausgiebig überlegt. Schon alleine, weil sie sich dafür häufig rechtfertigen müssen. „Warum willst du kein Kind?" ist eine häufige Frage, „Warum willst du ein Kind?" dagegen eine sehr seltene.

Wenn ich in Deutschland geblieben wäre, hätte ich mich vielleicht auch dafür rechtfertigen müssen, keines oder nur ein Kind zu wollen. Ich wäre vielleicht niedergeschlagen gewesen, weil ich mich in meiner Arbeit und meinem Leben so hätte einschränken müssen, ich hätte ein schlechtes Gewissen gehabt, weil ich zugleich mein Kind gefühlt vernachlässigt hätte. An deutschen Eltern – vor allem den Müttern – nagt ein dauerhaftes Pflichtgefühl, ein nahezu unerreichbarer Anspruch, immer für das Kind da zu sein. Das schlechte Gewissen ist das vielleicht bedrängendste und zugleich unangenehmste Gefühl für die meisten Frauen, die ich gesprochen habe. Die Befürchtung, nicht alles optimal für die Kleinen getan zu haben, war bestimmend für viele Gespräche. Dabei sehe ich, wie glücklich unser Sohn Fred in Frankreich aufwächst. Die Freiheit der Eltern geht nicht zu Lasten ihrer Kinder – sie bereichert die ganze Familie.

Vor kurzem fuhren wir in einem Zug nach Marseille. Und da war sie wieder, diese Szene, die ich im französischen Alltag ständig beobachten kann: Ein Vater kommt mit seinen vier Kindern ins Abteil, sie sind geschätzt zwischen zwei und neun Jahren alt. Die Älteste trägt einen Rucksack über der Schulter, genauso wie der Vater. Die Mutter kommt erst eine Minute später mit einer Freundin dazu, sie setzt sich zwei Reihen dahinter, dort, wo noch Platz ist. Es ist ein heißer Tag, und alle trinken reihum aus einer Wasserflasche, die der Vater anreicht, ein großer Mann mit dunklen, lockigen Haaren. Der Zug fährt an, und wieder greift er in seine Tasche. Ich vermute, er werde nun Kekse verteilen oder irgendein Spielzeug, aber nein: Er zieht ein Rätselheft heraus. Und während er die fehlenden Wörter in die Kästchen einträgt, gackern seine Kinder, sie verlieren ihre Sonnenbrillen und heben sie wieder auf, sie zeigen auf das Meer und sind irgendwie dauernd miteinander beschäftigt. Kurz vor der Endhaltestelle verstaut der Vater sein Rätselheft, zieht dem

Jüngsten einen Sonnenhut auf den Kopf und lotst seine Bande zum Ausgang.

Eine eigentlich banale Szene, die mich trotzdem sehr anrührt. Wer Rätsel löst, während seine vier kleinen Kinder neben ihm im Zug sitzen, muss ein gelassener Familienvater sein. Er muss sein altes, kinderfreies Leben, ein Leben mit Rätselmomenten wann immer er wollte, nur wenig vermissen. Ich wettete an jenem Tag, kein Deutscher und keine Deutsche könne sich das Zugfahren als Großfamilie so vorstellen. Deutsche Männer und Frauen sagen in Interviews immer wieder, sie fürchteten um ihr Lebensmodell mit einem Kind, sie hätten Angst vor der Tabula rasa durch einen kleinen Schreihals. In Frankreich krempelt ein Kind das Leben nicht komplett um. Das Elternsein ist unbeschwerter und selbstverständlicher. Es ist der Staat, der besser für Familien und ihre Kinder sorgt, und es sind die Eltern, die sich den Alltag leichter machen. Vielleicht haben wir es also gemeinsam selbst in der Hand, wie sich unser Leben ändert – und ob wir es als Familie zum Guten für alle wenden können.

„Bon courage" sagen Franzosen manchmal beim Abschied, kurz vor einer Wanderung, einer Prüfung oder einfach nur für einen Grillabend. „Viel Mut" heißt das übersetzt, und inzwischen bin ich überzeugt: Wir brauchen als Eltern häufig weniger Mut, als wir glauben. Es ist leichter, als viele gewollt Kinderlose denken, und es kann auch freudvoller sein. Denn Franzosen sind überzeugt: Glückliche Eltern haben glückliche Kinder.

Der unpassende Zeitpunkt

> *„Ihr habt noch keine Kinder?*
> *Allez, es ist eine große Freude!"*
> Lorenadia, vierfache Mutter
> und Inhaberin einer kleinen Pension

Als wir unseren ersten Sohn bekamen, waren Hans und ich schon fünfzehn Jahre lang ein Paar. Meine ältere Schwester hatte über Jahre Windelkartons mit den Babysachen ihrer Kinder für uns aufbewahrt, wir hatten eine ganze Kollektion von Stramplern, Hosen, Bodys, Winter- und Sommermützen für Mädchen und Jungs in der Abstellkammer gelagert, dazu noch eine Wickelkommode und ein Kinderbettchen, sorgsam zerlegt, die Schrauben in kleine Säckchen verpackt, die Gebrauchsanleitung war mit Tesafilm in die Schublade geklebt. Hans hatte eine feste Stelle als Wissenschaftler in Frankreich ergattert, ein Beamtenjob ohne jedes Risiko, und wir hatten kurz zuvor ein kleines Haus mit Garten in einer Kleinstadt gekauft, nicht weit von der Kita und dem nächsten Bäcker entfernt. Es war tatsächlich alles perfekt vorbereitet, bevor wir uns zutrauten, ein Kind zu bekommen.

Natürlich hatten wir über die Jahre immer mal wieder an Nachwuchs gedacht, und grundsätzlich wollte ich ihn auch unbedingt. Schon alleine, weil es mir traurig erschien, im Alter keine Generation hinter mir zu lassen. Ich stellte mir vor, als gebrechliche Siebzigjährige ohne Kinder eine gewisse Leere zu empfinden. Aber im Hier und Jetzt, im Alltag, sprach aus meiner Sicht vieles gegen ein Kind. Bevor ich meinen dreißigsten Geburtstag feierte, kam ich überhaupt nicht auf die Idee, zu sehr hing ich noch an meinem

Leben, an meiner Arbeit als Journalistin, die auch am Wochenende auf Parteitagen stattfand oder spätabends vor dem Computer. Bei schönem Wetter fuhren wir an Sonntagen stundenlang auf unseren Rennrädern herum, abends tranken wir gerne ein Glas Wein mit Freunden auf dem Balkon oder in einer der damals noch verrauchten Kneipen im Ruhrgebiet. Kinder sah ich kaum in meinem Umfeld, meine gleichaltrigen Freundinnen hatten selbst noch keine. Johanna hatte Psychologie studiert und toppte dies noch mit einer fünfjährigen Ausbildung zur Psychotherapeutin, Merle arbeitete schon in einer Frauenberatungsstelle, bildete sich aber zusätzlich noch zur Wendo-Trainerin weiter, und Miriam absolvierte das Referendariat als Lehrerin, war aber viel zu eingenommen von Prüfungen und dem Schulalltag, als dass ihr oder uns überhaupt einfiel, über Kinder zu sprechen. Das Thema war einfach nicht präsent. „Irgendwann einmal, auf jeden Fall", sagten wir leichthin, über viele Jahre hinweg.

Mit Anfang dreißig dann hatten Hans und ich immer mal wieder über den „besten Zeitpunkt" nachgedacht, aber unsere Sporthobbys, seine Suche nach einer festen Stelle und meine Schreiberei standen im Vordergrund. Als Wissenschaftler musste für ihn erst einmal der Doktor her, dann eine sogenannte Post-Doc-Stelle, dann kam ein Stipendium für ein Jahr in Südfrankreich auf uns zu, eine aus meiner Sicht gänzlich unpassende Zeit für ein Kind. Ich pendelte damals von Deutschland zu Hans, schrieb in den Nachtzügen meine Reportagen und fühlte mich überhaupt noch sehr jung und nicht wie eine baldige Mutter. „Junge deutsche Erwachsene empfinden sich ewig wie Studenten", lese ich später über unsere Generation in soziologischen Schriften. Unser Leben war intensiv und ausgefüllt, ich hatte das Gefühl, einem Kind gar keinen Raum schaffen und auch nichts an Energie und Zeit abgeben zu wollen.

Erst in Frankreich wurde ich aufgerüttelt. Ich traf auf junge französische Familien, auf Gleichaltrige, die schon längst mit ihren zwei Kindern unterwegs waren. In unserer ersten Woche in Frankreich waren wir bei Jules eingeladen, einem netten Kollegen von Hans. Jules ist Physiker und hat schon große europäische Projekte an Land gezogen, oftmals verlässt er als Letzter das Büro und trinkt am Tag Unmengen von starkem, tiefschwarzem Espresso. Seine Frau Jade optimiert als Ingenieurin für Air-France die Belegung von Flugzeugen und leitet ein kleines Team. Sicher zwei *Dinos* – double-income-no-kids –, dachte ich noch, als Hans mir auf dem Hinweg von ihren Berufen erzählte. Als wir an die Tür klopften – eine Klingel haben viele französische Familien nicht –, sprangen uns zwei kleine Kinder entgegen. Maya und Milos waren fünf und zwei Jahre alt. Damit hatte ich nicht gerechnet. Und die beiden hatten nicht damit gerechnet, zwei *Dinos* vor sich zu haben. „Ihr habt noch keine Kinder?", fragte mich Jade direkt und etwas verwundert bei unserer ersten Begegnung. „Kennt ihr euch noch nicht so lange?" „Wir kennen uns schon aus der Schule." Hans und ich waren tatsächlich schon seit elf Jahren ein Paar. Aber niemand hatte uns je diese Frage gestellt.

An diesem Abend mit Wein und Jules' scharfem Pesto dämmerte mir, dass Kinderlose in Frankreich auffallen. Kinder gehören für Franzosen alltäglich dazu, auch in jungen Jahren, ganz egal, wie gut vorbereitet die Wohnung oder wie sicher der Job ist.

Jules und Jade hatten Maya bekommen, als Jules gerade für seinen Doktor in Italien forschte. Sie wohnten zu dritt in einer kleinen, furchtbar heißen Dachwohnung in Rom, und

Jade pendelte für drei Tage in der Woche dreihundert Kilometer westwärts nach Frankreich, um bei Air France auf der Matte zu stehen. Maya war abwechselnd in der Kita, taperte zwischen Jules' Computerkabeln herum oder ging mit Jade an ihren freien Tagen spazieren. „Ein Kind kann sich an alles anpassen", sagt Jules. Er trägt wilde Locken auf dem Kopf, und irgendwie scheint für ihn tatsächlich immer alles möglich zu sein. Manchmal, wenn eine Doktorandenfeier auf der Arbeit richtig ausschweifend wird, schläft er in seinem Auto und sitzt am nächsten frühen Morgen wieder konzentriert vor seinen Formeln. Maya und Milos sind es inzwischen auch gewöhnt, in Gästebetten und auf Wohnzimmersofas zu schlafen, zu viert scheinen sie gemeinsam in den Tag hineinzuleben. Frühen Nachwuchs wollten Jules und Jade beide gerne haben, sie träumten von drei oder mehr Kindern. „Warum sollten wir warten, wenn wir eine gute Partnerschaft haben?", fragte mich Jade.

Ja, warum eigentlich? Warum haben wir gewartet, bis alles vermeintlich perfekt ist für ein Kind? Fast so lange, bis es schon zu spät wurde, eine Familie zu gründen? Immerhin setzt die Natur uns Grenzen. Ein Fünftel der kinderlosen Personen in Deutschland gibt an, sie selbst oder der oder die Partnerin seien zu alt für Nachwuchs. Wieso warten wir auf den angeblich perfekten Moment, bis er vielleicht nie mehr eintritt?

Vielleicht ist es dieses Gefühl, das bisherige Leben zu verlieren. Also halten wir noch so lange wie möglich an ihm fest und finden Gründe, warum ein Kind eben noch nicht sein kann. Als Hans und ich 33 Jahre alt waren, wurde er zu einem Bewerbungsgespräch an einer französischen Universität eingeladen. Diesmal sollte es endlich mit der Festanstellung klappen, hofften wir. Wenn nicht, so dachten wir damals, würden wir weiter suchen und den Kinderwunsch noch ein wenig hintanstellen. Es kam uns aberwitzig vor, hochschwanger oder gar mit einem kleinen Baby noch einmal umzuziehen. Hans bekam die Stelle, aber unsere Zweifel waren immer noch nicht ganz ausgeräumt. Jetzt bräuchten wir zunächst eine größere Wohnung. Was sollte nur aus unserem Leben werden? Was aus unseren größten Hobbys, dem Radfahren und Wandern? Mir fielen lauter negative Konsequenzen ein, aber nur wenig, was mich zuversichtlich stimmte. Außerdem war ich freie Journalistin, meine Auftraggeber würden sich nach einem oder gar zwei Jahren Pause nicht mehr an mich erinnern, ich müsste wieder ganz von vorne anfangen, war meine Sorge. Häufig las ich in Zeitschriften abschreckende Dinge. Das Leben als Eltern ändere sich radikal, die Partnerschaft leide furchtbar, und Männer arbeiteten nie wieder so viel wie ausgerechnet im ersten Babyjahr.

Manchmal, wenn ich heute unseren Sohn beobachte, wie er konzentriert Grashalme in einer Tasse sammelt oder mir in der Kita jauchzend entgegenrennt, bekomme ich noch nachträglich einen Schrecken. Einen Schrecken darüber, dass wir gezögert haben, bis ich Mitte dreißig war, darüber, dass wir, wenn es nicht so gut mit der Schwangerschaft geklappt hätte, nicht mehr so viele Möglichkeiten für eine Familiengründung gehabt hätten. Komischerweise fühlte ich mich jahrelang noch sehr jung, so, als hätten wir alle Zeit der Welt. Der Gedanke an ein Kind war irgendwie immer da, aber er waberte im Hintergrund herum, genauso diffus, wie ich auch schon immer mal Spanisch lernen wollte.

Jetzt ist Fred bald zwei Jahre alt, und wir könnten uns das Leben keine Sekunde mehr ohne ihn vorstellen, ja, selbst nach einem anstrengenden Arbeitstag freue ich mich sehr darauf, ihn von der Kita abzuholen. Aber wer vermisst schon jemanden, den er nicht kennt? Zudem war unser Leben als *Dinos* etabliert, wir hatten unsere Rituale gefunden, wussten genau, viel genauer noch als zu meinen Zeiten in der Studenten-WG, wie wir frühstücken wollen, wie ein schöner Sonntag auszusehen hat. Wir wussten auch, wie wir uns eine perfekte Schwangerschaft, Geburt und Elternzeit vorstellten, aber das war halt ein Plan für den Tag X, dann, wenn alles bereit wäre.

Wir hatten gelernt, uns selbst verwirklichen zu wollen, und führten ein recht selbstbezogenes Leben. Kinder erschienen mir wie eine Verpflichtung zu einer zwanzigjährigen aufopferungsvollen Phase. Wie viele kinderlose Deutsche waren wir sehr sorgenvoll. Sieben von zehn befragten Personen geben die Angst vor einer unsicheren Zukunft als ersten oder zweiten Grund an, keine Kinder zu wollen.[1]

Franzosen aber sehen sich selbst erst als Familie verwirklicht, sie fühlen sich „erst komplett", wenn sie auch Kinder haben. „Na klar wollten wir Kinder haben", sagte mir Marie schon beim ersten Treffen. Wir hatten uns in der Pantoffelecke der Kita angefreundet, sie sagte damals umstandslos zu mir: „Du bist doch die Deutsche, oder?" Sie lachte mich dabei so freundlich an, dass ich gerne bejahte. „Ich finde es schön, Menschen aus anderen Ländern zu treffen, lass uns doch einen Kaffee trinken", sagte sie, und natürlich nahm ich die Einladung gerne an. Zwei Tage später traf ich sie im Café auf dem Marktplatz. Wir waren gerade erst in unsere

---

[1] Jürgen Dorbritz, Katrin Ruckdeschel in: Michaela Kreyenfeld, Dirk Konietzka (Hg.): Ein Leben ohne Kinder. Wiesbaden, Springer 2013, 271.

kleine Stadt gezogen, und ich freute mich sehr auf das Treffen. Irgendwie schien es von Anfang an leicht, mit der zarten Französin persönlich zu sprechen, sie sprühte vor Ideen und war sehr interessiert.

So kam es, dass wir schon bei unserem ersten Gespräch gleich über unsere Familienwünsche plauderten. Marie fand es logisch, Kinder möglichst früh zu bekommen. „Wir sind doch ungefähr achtzehn Jahre mit den Kindern zusammen – warum also aufschieben? Sie gehören für mich zu einem erfüllten Leben dazu." So wurde sie schwanger, als sie erst wenige Jahre mit Philippe zusammen war und gerade einen Job suchte. Schließlich eröffnete sie einen Weinkeller – und entschied sich dann, mitten in der Schwangerschaft, sich fortzubilden und verhaltensauffällige Schüler zu betreuen. „Der Beruf ist selten gradlinig, einen perfekten Zeitpunkt können wir ohnehin nicht erreichen. Mich haben die Kinder auch erst viel kreativer gemacht. Ich kann mir heute viele Berufe vorstellen", sagte Marie. Aber sie kannte natürlich auch, anders als Hans und ich, mit Anfang dreißig schon viele Paare mit Kindern im Freundeskreis. Das steckt an – frühe Eltern führen zu frühen Eltern.

In Frankreich fiel ich mit unserer späten Entscheidung sofort auf. „Na, endlich wollt ihr ein Kind", sagten meine französischen Freundinnen. „Wurde auch Zeit." Ich fand diese Bemerkungen fast ein wenig anmaßend, aber ich verstehe nun, wie ungewöhnlich es für sie sein musste, uns als Paar so lange kinderlos zu sehen. Schon in unserer ersten Pension sagte die Besitzerin Lorenadia, eine künstlerische Frau mit vier Kindern: „Wann bekommt ihr denn Nachwuchs? Allez, c'est un plaisir!" – „Kommt schon, es ist eine Freude!" Lorenadia renoviert seit mehr als einem Jahrzehnt eigenhändig eine alte Jugendstil-Villa, einige Räume vermietet sie. Nach dem Frühstück zeigte sie uns eine Deckenmalerei, die sie vor kurzem erst freigelegt hatte. Zu sehen waren vier Kinder, die sich im Kreis fliegend an den Händen hielten. „Ist das nicht phantastisch? Wie passend für unsere Familie!" Lorenadia erzählt, sie hätten ihr erstes Kind mit 21 Jahren bekommen, da hatten sie gerade eine Snackbar eröffnet. Sie hätten sich das Baby morgens umgeschnallt und seien mit dem Scooter auf den Markt und dann in ihre Bar gefahren. Das sei ganz gut gelaufen, und nach einigen Jahren hätten sie genug gespart, um von da an alles in diese Villa zu stecken. Als sie mit 29 Jahren einzogen, waren alle vier Kinder geboren. „Allez, c'est un plaisir", sagte sie uns wieder beim Abschied. Als wir ihr beim nächsten Besuch ankündigten, unsere Hochzeitsgäste bei ihr unterbringen zu wollen, war sie alles andere als euphorisch. „Ah bon? Warum wollt ihr denn heiraten?" Die Gründe für eine Ehe lagen für sie viel weniger auf der Hand, als ein Baby zu wollen.

Aber es gibt tatsächlich gewichtige Gründe für eine frühere Entscheidung. Die Wahrscheinlichkeit, schwanger zu werden, sinkt schon mit dreißig Jahren. Die Qualität der schon bei der Geburt angelegten weiblichen Eier nimmt Jahr für Jahr ab, die männlichen Spermien werden weniger und unbeweglicher. Und auch die künstliche Befruchtung kann in spätem Alter weniger helfen: Fast die Hälfte aller kinderlosen Paare zwischen vierzig und fünfzig, so berichten Reproduktionsmediziner in einem Artikel des *Spiegel*, sind es allein deshalb, weil sie zu lange gewartet haben.

„Mit 34 Jahren sind Sie schon fast in der Risikogruppe", sagte meine Gynäkologin wenig charmant beim ersten Ultraschall. „Sie haben sich viel Zeit gelassen." In diesem Moment fühlte ich mich unendlich alt. Denn natürlich hatte auch ich, kurz bevor ich schwanger wurde, viel Unheilvolles über späte Geburten erfahren – ich las mit Schrecken darüber, möglicherweise jahrelang auf eine geglückte Befruchtung warten zu müssen, über Chromosomenanomalien, Frühgeburten, hohe Kaiserschnittraten. Alles Risiken, die mir vorher kaum bewusst waren. Heute weiß ich nicht mehr, ob ich sie – wie eine Raucherin die Spätfolgen – einfach verdrängt hatte, oder ob sie in Deutschland wenig diskutiert werden. Und selbst wenn es vielen Paaren bewusster wäre: Sicherlich bekommen nur die wenigsten ihr Kind früher, weil es medizinisch besser ist. Dafür ist die Entscheidung doch viel zu schwerwiegend.

Wer länger warten muss oder möchte und sein Kind dann mit Ende dreißig bekommt, erwartet erst gar nicht, noch ein zweites zu bekommen. Die späte Entscheidung führt also zwangsläufig und häufig ungewollt zu weniger Nachwuchs. Verantwortlich sind ältere Mütter wie ich, die verkopft auf den besten Zeitpunkt, den besten Mann und das sicherste Einkommen warten, bis sie auf die Idee kommen, nicht mehr zu verhüten. „Je höher der Bildungsabschluss, desto später werden eigene Kinder eingeplant", heißt es in einer Broschüre des Bundesfamilienministeriums. In demselben Prospekt machen die Berliner Beamten dafür die strenge Abfolge von Lebensphasen verantwortlich. So wie Hans und ich hielte es eine „überwältigende Mehrheit" der Unter-45-Jährigen für unabdingbar, dass beide Partner eine abgeschlossene Berufsausbildung haben, sobald das Baby auf die Welt kommt. Die Deutschen wollen nicht studieren und gleichzeitig Windeln wechseln, sie wollen nicht wie Marie ein Trainee-Programm durchlaufen und abends auf die Kinder aufpassen. Warum, darauf hat auch das Ministerium keine Antwort.

Hier haben es die Französinnen leichter: Sie erwarten durchschnittlich mit 28 Jahren ihr erstes Kind – also ein gutes Jahr vor den Deutschen. Der recht knappe Unterschied verschleiert aber, dass in Deutschland ein Drittel der gut ausgebildeten Frauen gar keine Kinder bekommt (im Gegensatz zu nur zehn Prozent in Frankreich) – häufig, weil der „perfekte Zeitpunkt" bis zur Menopause nicht gekommen war. „Kinderlosigkeit ist häufig eine Folge des Aufschubs der Familiengründung", sagt Michaela Kreyenfeld. Die Rostocker Professorin hat ein 400 Seiten dickes Buch über die Ursachen von Kinderlosigkeit geschrieben. Und für sie ist das lange Zögern, das Hadern von deutschen Paaren „einer der größten – und auch meist unterschätzten – Gründe dafür, gar keine Kinder zu haben". Sie warteten auf den perfekten Zeitpunkt, der dann doch nicht eintreffe, weil es keinen wirklich perfekten Moment für Kinder gebe.

Das meinen auch Französinnen. „Ein Kind wirft immer vieles um – es kann gar nicht in ein bestehendes Leben passen", sagen sie – und bekommen daher ihren Nachwuchs, auch wenn es nicht so ideal erscheint wie für Hans und mich. In der Kita von Fred treffe ich viele junge Mütter, die sich umstandslos für eine Familie entschieden haben. Charlotte ist 32 Jahre alt und hat einen acht- und einen dreijährigen Sohn und eine fünfjährige Tochter. Einmal in der Woche gehe ich mit ihr um den Sportplatz laufen, ihre hüftlangen Haare hat sie dann zu einem Knoten gebunden, sie ist sehr sehnig. Wie viele Französinnen sieht sie immer irgendwie schick aus, selbst in Jogginghose und Turnschuhen. Charlotte wurde mit 25 Jahren zum ersten Mal schwanger. „Wir haben uns vier Jahre in Paris ausgelebt und dachten – jetzt legen wir los", erzählt sie. Wir sitzen auf ihrer gemütlichen Wohnzimmercouch und trinken starken Kaffee. An der Wand hängen Plakate von modernen Kunstausstellungen in ganz Frankreich. „Wir hatten uns jahrelang die Museen von Paris angeguckt. Ich mochte gerne die Porträtmaler aus dem 17. Jahrhundert, und wir haben uns manchmal bei Regenwetter tagelang im Louvre aufgehalten." Sie zeigt auf ein Poster über eine Ausstellung im Louvre von antiken Schmuckstücken, daneben werden Bilder über chinesische Imperatoren beworben. „Wir haben wirklich viel gemacht, sind essen gegangen und an den Wochenenden in die Bretagne zum Baden getrampt. Und wir waren ja schon fünf Jahre ein Paar, also wirklich lange genug", sagte sie. „Wir haben schon sechzehn Jahre zusammengelebt, bevor wir Fred bekommen habe", sage ich. „Ah bon? Na, da habt ihr euch aber lange Zeit gelassen."

Charlotte und Olivier bekamen ihr erstes Kind Aurélien, obwohl sich ihr Leben mitten in einem Umbruch befand. Olivier wurde gerade von Paris nach Südfrankreich versetzt, und Charlotte suchte sich in der Region eine neue Stelle als Krankenschwester. Sie hatten noch keine Wohnung und pendelten von der Hauptstadt ans Mittelmeer, um eine passende Bleibe für ihre junge Familie zu finden. „Ich weiß noch, wie ich mit dickem Bauch in die Wohnungen lief, das war eine spannende Zeit." Charlotte versteht meine Frage nach dem besten Moment fürs Kinderkriegen überhaupt nicht, mit großen Augen guckt sie mich an. „Wir haben uns gar nicht die Frage gestellt, ob es der beste Augenblick ist oder nicht. Wir wollten Kinder und sahen keinen Grund, noch länger zu warten."

Heute erscheinen Hans und mir unsere Gründe auch nicht mehr so schwerwiegend wie vor der Geburt unseres Sohnes. Das Unbekannte wirkte damals auf uns viel dramatischer, als wir es heute erleben. Ich gehöre zu der Generation, die der *Spiegel* in einer Titelgeschichte zu „Späten Eltern", als „problematisch" bezeichnet hat. „Deutschlands Eltern entfernen sich zunehmend von jenem Lebensalter, das die Biologie für diese Rolle vorgesehen hat", heißt es da. Und weiter beschreibt die Autorin, wie gut organisiert ältere Eltern den Alltag mit Kind meistern. „Ausgestattet mit einem überdurchschnittlichen Einkommen, können späte Eltern auch dann für Bildung und Betreuung aufkommen, wenn staatliche Institutionen versagen. Meist können sie sich dank umfassender Hilfe im Haushalt trotz anspruchsvoller Berufe Zeit für ihre Kinder nehmen."

Da taucht er wieder auf, der allgegenwärtig Gedanke, alles müsse perfekt sein, um ein Baby zu empfangen. „Was heißt schon perfekt?", sagt Céline. Ich hatte sie in meinem Geburtsvorbereitungskurs kennengelernt, und ich mochte ihre schnoddrige Art. Sie kommt aus einem Pariser Vorort, der für seine etwas ruppigen Bewohner berühmt ist. Wir saßen in einem Kreis von acht Frauen mit dicken Bäuchen auf bequemen Stühlen in einem kleinen Raum im Krankenhaus und sollten uns vorstellen – zum Beispiel sagen, ob wir ein Mädchen oder einen Jungen erwarten und was wir beruflich machen. „Ich bekomme einen Jungen, Gaspard", erzählte Céline. Ihr Partner Erwan habe bretonische Wurzeln, deshalb hätten sie sich für diesen nordischen Namen entschieden. „Ich bin Sozialarbeiterin und habe vor kurzem einen Job hier in Südfrankreich begonnen, Erwan sucht gerade Arbeit", erzählte sie.

Nach der Stunde, in der uns furchteinflößende Geburtszangen und Saugglocken gezeigt wurden, sprach ich Céline an. „Das war ja bestimmt ein Schock, dass Erwan ausgerechnet dann seinen Job verloren hat, während ihr ein Kind erwartet", sagte ich. Céline guckte mich erstaunt an. „Erwan hat selbst gekündigt. Wir wollten aus Paris wegziehen, und ich hatte mich gerade auf diese Stelle hier beworben. Er wird schon etwas finden", sagte sie. Erwan sei Baustellenleiter, die würden doch immer gebraucht. „Ihr seid ja mutig. Wir wollten erst alles organisiert haben, bevor wir ein Kind bekommen." „Ach, weißt du, der Kinderwunsch war stärker. Wir haben uns sehr darauf gefreut. Erwan wollte ein junger Vater sein."

In Deutschland überwiegen häufig die Zweifel. Männer denken nicht selten, sie könnten noch viel länger Väter werden, und befürchten weniger als Frauen, die Vierzig-Jahres-Grenze zu überschreiten, um das „Projekt Kind" in Angriff zu nehmen. Frauen haben zudem häufig Angst um ihre Karriere und schieben die Schwangerschaft auf. Und müssen mit Mitte bis Ende dreißig mit Männern vorliebnehmen, die ihre erste Familie schon hinter sich haben. „Am Ende haben ehrgeizige Frauen häufig einen zwar etablierten, aber unterhaltspflichtigen, geschiedenen Mann an ihrer Seite, der wenig Interesse an weiteren Kindern mitbringt", beschreibt es der *Spiegel* lapidar. Und alle haben Angst davor, sich mit einem Kind weniger leisten zu können. Dabei sind die frühen Mütter nicht viel ärmer als die älteren. Laut dem

Mikrozensus leben von allen Müttern zwischen 25 und 32 Jahren gut sieben Prozent von weniger als 1100 Euro im Monat. Wenig Geld für ein Leben mit Windeln und Kinderzimmern. Werden die Mütter älter, sind es aber auch nur geringfügig weniger, die von so wenig leben müssen: In der Gruppe der 32- bis 36-Jährigen sind es 5,6 Prozent. Bei Männern verläuft es ähnlich – nur sind Väter generell seltener arm als Mütter.

Die deutsche Politik hat bislang keine Idee, wie sie jungen Paaren mehr Zuversicht einflößen könnte. Im Gegenteil – ausgerechnet das viel gelobte Elterngeld könnte das Kinderbekommen einiger Paare nach hinten verschieben: Es belohnt Frauen und Männer, die schon mindestens ein Jahr im Beruf stehen, bevor das erste Kind geboren wird. Nur diesen wird 67 Prozent ihres letzten Bruttolohnes bis zu vierzehn Monate lang ausbezahlt. Wer vorher arbeitslos war oder noch studierte, erhält nur 300 Euro monatlich – genauso wenig wie früher beim „Erziehungsgeld". Am lukrativsten ist es daher, in gut laufenden Berufsjahren schwanger zu werden. Für die meisten ist das erst ab Mitte dreißig der Fall – erst dann erreichen viele den begehrten Höchstsatz der Prämie. „Trotz des fortschrittlichen Charakters ist noch unsicher, ob die Reform wirklich die Geburtenrate erhöhen wird", sagt daher die Münchener Ökonomin Angela Greulich.

Paradoxerweise führt der Drang, das Kind in ein gemachtes Nest zu setzen, zu weniger oder gar keinen Kindern. Für Hans und mich ist es für eine Großfamilie nun schon fast zu spät. Wir haben die Chance vergeben, vielleicht noch ein drittes Kind zu haben. Und wir bekamen Fred zu einem Zeitpunkt, zu dem wir selbst schon ruhebedürftiger waren. Ich erinnere mich genau daran, wie wir mit

Mitte zwanzig bei Freunden auf dem Boden schlafen konnten oder nach einer langen Kneipentour einfach irgendwo wegdösten. Der nächste Tag war trotzdem nicht so anstrengend wie heute etwa der Neujahrstag. Jetzt, mit Mitte dreißig, schlafen wir lieber im Gästebett. Nächtliches Babygeschrei macht uns fertiger als vor fünf oder zehn Jahren. Das lässt sich nun nicht mehr ändern. Aber meine französischen Freunde haben mit ihren jungen Familien vieles richtig gemacht.

Der unperfekte Vater

*„Der ideale Mann kann seine Gefühle zeigen
und unterstützt mich in meinen Interessen."*
Umfrage unter französischen Single-Frauen

Als Fred zwei Monate alt war, traf ich drei meiner späteren guten Freundinnen in einem Kurs für Baby-Massage. Nach der öligen Streicheleinheit, bei der die Babys wenig massiert, aber viel gestillt wurden, gingen wir noch in ein Café. Unsere wenige Monate alten Babys schliefen wie so häufig am Anfang tief und fest im Tragerucksack. Wir hatten genug Zeit, uns unser Leben zu erzählen. Schließlich gelangten wir bei unseren Partnern an.

„Ich habe Félix in einem Fitnessstudio in Paris kennengelernt", erzählte Julie. Sie löffelte gerade einen großen Becher Vanilleeis mit Baiser und Schokosoße – das ständige Stillen machte uns hungrig. „Er gab einen Unterwasser-Fahrradkurs, und ich fand ihn sofort anziehend. Am Abend war in dem Club die jährliche Feier angesagt, da habe ich ihn angesprochen. Tja, und zwei Jahre später haben wir schon geheiratet." Als Julie mit 28 Jahren schwanger wurde, arbeitete sie gerade als Finanzanalystin in Monaco. Oftmals brütete sie noch bis spät in die Nacht über Zahlen, um die Rentabilität von Ölplattformen in aller Welt zu berechnen. Jeden Morgen joggte sie zusammen mit Félix zehn Kilometer am Strand entlang, das war ihre Paarzeit und ihr gemeinsames Hobby. „Meine Arbeit kann ich doch ohnehin nicht mit ihm teilen. Sein Job gefällt mir, ich gehe ja selbst ins Fitnessstudio", sagt Julie. Für sie war sein Job interessant, seine Gehaltsstufe oder auch sein Status in ihrer akademischen Arbeitswelt waren offenbar unwichtig.

Als nächstes packte Mathilde aus. Sie verputzte gerade einen Brownie, von ihrem Sohn Tom guckte nur ein Haarbüschel aus dem Schal heraus. „Ich habe Greg bei einem Abendessen mit Freunden kennengelernt – aber da waren wir beide noch in einer anderen Partnerschaft. Trotzdem fand ich ihn sehr attraktiv. Erst zwei Jahre später haben wir uns noch einmal gesehen, da waren wir beide dann Single und haben uns verabredet." „Was macht Greg denn so?", fragte ich. „Ach, er ist wirklich ein ganz gradliniger Typ, und er hält meinen Perfektionismus zuhause aus", schwärmte Mathilde. „Weißt du, ich kann keinen Krümel herumliegen sehen, das kann anstrengend für den Partner sein." Offenbar verstand sie meine Frage nach dem Beruf gar nicht. Sie musste eine typisch deutsche Bohrerei sein. „Er ist Korse, das sagt doch alles", lachte Mathilde. Korsen haben in Frankreich den Ruf, ein wenig kauzig und eigenbrötlerisch, aber im Grunde sehr sympathische Personen zu sein. Erst später im Gespräch erwähnte Mathilde, dass Greg Autos verkauft. „Er hatte schon immer eine Schwäche für Motoren."

War dies ein Zufall? Sind Mathilde und Julie die Ausnahme und haben die meisten Französinnen Männer mit dickerem Einkommen und höherem Status, wie ich es von deutschen Freundinnen gewöhnt war? Jedenfalls war ich offenbar die Einzige in der Runde, die über die Paarkombinationen überrascht war. Ich musste so geprägt worden sein, perfekte Väter mit mindestens gleich vergüteten Jobs zu assoziieren.

Ich hoffte, dies sei eine persönliche Unart von mir und rief für meine Recherche bei einem großen deutschen Konzern für Online-Dating an. Schließlich suchen die meisten

Singles in Europa im Internet ihre Partner, die Kuppel-Seiten müssen also wissen, was Deutsche erwarten. Die vermeintliche Anonymität im Web hat einen entscheidenden Vorteil: Alleine vor dem Computer fällt es leichter, geheime Anforderungen an den Partner anzuklicken, als sie jemandem ins Gesicht zu sagen. Das haben Soziologen schon lange verstanden und schauen deshalb für ihre Studien zur Partnerwahl in die einschlägigen Statistiken der Anbieter.

Die Stimme der Pressesprecherin ist sanft. Sie kennt die geheimen Wünsche ihrer Zehntausenden Mitglieder. „Beim Bildungsniveau sind die deutschen Singles sehr anspruchsvoll", sagt sie. „Für sie ist es am Wichtigsten, dass der Mann/die Frau mindestens einen gleichen Bildungsabschluss hat. Eine Frau mit Magister möchte keinen Meister heiraten und ein Mann mit Diplom keine Auszubildende." Ihre Zahlen aus einer Studie sind eindeutig: 75 Prozent erwarten ein mindestens ebenbürtiges Niveau ihres Partners – in Frankreich sind es weniger als 30 Prozent. „Aber nicht nur das", sagt sie. Die Deutschen hätten in allem die genauesten Vorstellungen: Der Partner soll dasselbe Essen lieben, dieselbe Musik hören, ähnliche Bücher lesen, dieselbe Partei wählen.

Wenn Mr. oder Mrs. Perfect dann um die Ecke kommt, geht alles wiederum langsamer: Die Deutschen suchen durchschnittlich knapp zwei Stunden im Netz nach Informationen und Fotos über den Auserwählten. Ist der Mann, die Frau dann auf Bildern mit einer Bierflasche, mit der oder dem Ex oder „pseudokünstlerisch" in einer nervigen Pose zu sehen, schreckt das sofort ab, das Treffen wird kurzerhand abgesagt. Und selbst wenn der erste Abend optimal läuft, die Stimmung gut ist, sich beide viel zu sagen haben, bleiben Deutsche zurückhaltender: Beim ersten Date küssen sie sich viel seltener als Franzosen und Französinnen, auch Händchen halten oder Umarmungen werden auf später verschoben.

Diese Anlaufhürden hatten Hans und ich nicht – wir kannten uns schon seit der Schule und hatten einige Tiefen und viele Höhen erlebt. Aber ich fürchte, ich wäre auf der Männersuche genauso elitär wie meine Freundinnen, die sich einen perfekten Partner wünschen. Perfekt heißt häufig auch, beruflich mindestens gleichrangig zu sein. Wir alle würden bestimmt aus tiefster Überzeugung sagen, es komme „auf die inneren Werte an" – aber meistens würden wir die inneren Werte eines Mannes mit gleichwertigem Status inspizieren und nicht diejenigen eines Arbeitssuchenden. „Also, ohne Abitur kommt für mich ein Mann nicht in Frage", höre ich häufiger mal. Eine Ausbildung sei ja noch okay, aber dann solle sie doch zu etwas führen, zu einem eigenen Geschäft, einem Meister oder irgendetwas Handfestem. Bei unseren hypothetischen Gesprächen machen wir uns meist noch entschuldigend vor, uns mit einem Handwerker bestimmt weniger zu sagen zu haben oder dass ein Leben mit Kindern ja so teuer sei, da wäre ein ewiger Student oder ein brotloser Kreativer ja auch schwierig.

Meist folgt auf meine Fragen nach den beruflichen Ansprüchen an den Partner auch ein längeres Schweigen. Denn wer möchte schon einräumen, auf den finanziellen und beruflichen Status zu gucken – mehr noch als auf die gemeinsamen Interessen oder wie liebevoll und witzig er oder sie ist. Bei uns herrscht noch ein wahres Klassendenken. „Ich hätte nicht mit einem, sagen wir mal, Bäckermeister, Kinder bekommen können", sagt eine Freundin. „Ich treffe auch kaum Männer, die nicht studiert haben, das ist total getrennt. Wahrscheinlich ist es beides: ein Mangel an Gelegenheit und auch ein Mangel an Interesse." Die Bildungsschichten scheinen beinahe so getrennt zu sein wie vor hundert Jahren.

Wenn ich Mathilde und Julie sehe, wie glücklich sie mit Greg und Félix sind und wie sehr sie unsere Treffen bereichern, dämmert mir, wie schade dieses höchst bürgerliche Denken für uns Deutsche ist. Wer nur nach oben schaut, sieht weniger potenzielle Partner und Väter. Eine Bekannte von mir ist Ärztin, wie auch Mathilde. Mit Mitte dreißig hatte sie sich auf ihrer Station in einen Krankenpfleger verliebt – aber diese Verbindung war nicht standesgemäß. Die Kollegen hätten getuschelt, die Eltern seien pikiert gewesen und vielleicht habe er es auch nur schwer ertragen, mit einer beruflich qualifizierteren und besserverdienenden Frau zusammen zu sein. Umgekehrt ist dies möglich: Ein Arzt, der mit einer Krankenschwester eine Familie gründet, ist genauso normal wie ein Arzt, der mit einer Ärztin zusammen ist – beides ist okay. Männer können freier wählen.

Französinnen gehen weniger verkopft in die Partnerschaft. Meine französischen Freundinnen sind schon bei der Partnerwahl weniger auf den „perfekten Vater" und noch weniger auf den perfekten Familienernährer fixiert. Ihr Partner sollte „sie amüsieren" fand Charlotte, sie sollten sich „gut unterhalten können." Für Julie soll der Mann mit ihr joggen, wandern und schwimmen gehen können und ein zärtlicher Vater sein, für Mathilde war es wichtig, dass er sie in ihren beruflichen Ambitionen unterstützt und ein gutes Verhältnis zu ihren Eltern aufbaut, an denen sie sehr hängt. „Meine Eltern wohnen weiter weg und kommen, wenn, dann direkt für eine ganze Woche zu Besuch. Dann ist es besonders wichtig, dass sie es lange gut miteinander aushalten können." In Umfragen über den „l'homme idéal" geben Französinnen immer wieder an, sie möchten einen Mann, der seine Gefühle zeigen kann, der ihnen aber ebenso einen „jardin secret" zuspricht, also ihren eigenen, geheimen und unabhängigen Teil ihres Lebens respektiert. Mehr als die Hälfte wünscht sich, vom Partner in ihrer Karriere unterstützt zu werden. Ganz wichtig sind auch Überraschungen im Alltag – der Mann soll möglichst „unvorhersehbar" sein.

Ich meine, daraus spricht ein größeres Selbstbewusstsein. Die Französinnen glauben daran, ihre Zukunft selbst meistern zu können, selbst ausreichend zu verdienen. Diese Haltung macht sie offen für Männer, die vielleicht ganz anders sind und leben als sie selbst und die sie womöglich gerade deswegen bereichern können. Aus deutschen Frauen spricht häufig die Angst vor der Zukunft. Eine gut verdienende Studienfreundin von mir sagt: „Es ist doch besser, einen Juristen, Rechtsanwalt oder Mediziner in der Familie zu haben – falls mal was ist." Ich glaube, sie hat damit den sorgenvollen Nerv vieler Deutschen getroffen. Es herrscht eine diffuse Angst davor, das Kind nicht ausreichend ausstatten zu können, vielleicht doch einmal Schulden zu machen oder noch häufiger den Job wechseln zu müssen.

So ist es nicht verwunderlich, dass bei den meisten Paaren in Deutschland beide Partner über einen gleichen oder ähnlichen Bildungsabschluss verfügen – vier Mal so häufig, wie es bei einer zufälligen Bindung der Fall gewesen wäre. Laut dem Statistischen Bundesamt sind sechzig Prozent der Paare homogen – bei den restlichen hat meistens der Mann (dreißig Prozent) einen höheren Bildungsabschluss als die Frau.

In Frankreich ist das Bild viel uneinheitlicher. Dort hat nur ein Drittel aller Paare dasselbe Bildungsniveau. Sie nähern sich also dem zufälligen Kennenlernen aller unterschiedlichen Menschen viel weiter an.

Natürlich kommt dieser große Unterschied nicht von ungefähr. Die Deutschen sind schon geschichtlich daran gewöhnt, dem Mann die „Brotverdiener"-Rolle zu geben. Nach der industriellen Revolution im 19. Jahrhundert wurde schnell die Stadt bevölkert, Arbeit in der Industrie, im Stahl und im Bergbau dominierte. Die bourgeoise städtische Familie, in der der Mann arbeitete und die Frau zuhause blieb, galt als das perfekte Rollenmodell. Es ließ Frauen und Männern kaum eine freie Wahl, wie ihr Familienmodell aussehen könnte: Sie sollte zuhause bleiben und kochen, waschen, die Kinder versorgen, er sollte arbeiten und Geld verdienen und höchstens abends und am Wochenende ein wenig erziehen. Nach dem Zweiten Weltkrieg tat die westdeutsche konservative Regierung unter Konrad Adenauer alles dafür, dieses Ideal aufrechtzuerhalten: Die Ehe wurde mit großen steuerlichen Vorteilen versorgt, die Frau konnte sich kostenlos über den Mann mitversichern, außerhäusige Kinderbetreuung gab es quasi nicht.

Und natürlich ist es unglaublich schwer, diese über Jahrzehnte, nun fast schon Jahrhunderte eingeflüsterten und gelernten Ideale wieder abzuschütteln. Auch wenn heute die große Mehrheit dafür ist, dass Frauen arbeiten, so scheint es doch eine genauso große Mehrheit zu geben, die es besser findet, wenn der Mann weiterhin der Geldverdiener ist und die Frau dazu- oder allenfalls gleich verdient. Aber bitte nicht deutlich mehr. Dieses Wunschbild scheint selbst Frauen zu leiten, die längst finanziell unabhängig sind.

Und der Staat setzt die Ehe, nicht aber die Kinder an die erste Stelle. In Deutschland steigen die Chancen, einen Job am Wunschort zu bekommen, für verheiratete Kandidaten an. In Frankreich ist allein das Kind ausschlaggebend. Wie die meisten Referendare hatte meine Freundin Natalie auch Wunschorte auf der französischen Insel La Réunion angegeben, in denen sie später als Lehrerin arbeiten wollte. In Frankreich wie in Deutschland erhalten die angehenden Pädagogen Punkte – je mehr Punkte, desto wahrscheinlicher ist es, in die erhoffte Stadt zu kommen. Für ihre Tochter Lucie erhielt Natalie 350 Punkte – dass sie nicht verheiratet war, spielte keine Rolle. „Ich kenne aber viele deutsche Referendarinnen, die extra noch schnell heiraten, um den Bonus zu bekommen – in Frankreich ist eine Hochzeit keinen Extrapunkt wert", erzählt Natalie. „Das fand ich richtig gut. Heiraten wollte ich nie und will ich auch jetzt nicht, das ist meine Privatangelegenheit." Für die Pariser Regierung ist eine Familie mit Kind unterstützenswert, nicht aber eine Partnerschaft. Das Grundgefühl ist völlig anders – die Ehe ist nicht der vermeintliche finanziell sichere Hafen, der Mann ist nicht der „breadwinner", sondern allenfalls der Vater oder eben der Partner. Folgerichtig achten Französinnen weniger auf den Job ihres Partners und mehr auf ihren eigenen: Sie arbeiten drei Mal so häufig Vollzeit mit Kindern unter fünf Jahren wie die Deutschen.

Die französische Gesellschaft hat hingegen schon länger ein egalitäres Ziel, sie wird von den Soziologen häufig als „modifiziertes Brotverdiener-Modell" beschrieben. Französinnen binden sich früher und durchaus auch weniger klassenbewusst. Sie glauben einfach daran, eine glückliche Familie werden zu können, wenn sie sich nur verliebt haben. „Wenn mir der Mann gefällt, ist er sicher auch ein guter Vater", sagt Mathilde. Auch der Staat legt die Hürden niedriger für das, was er als Familie fördert: Er bezuschusst Kinder, nicht aber Ehepaare. Das Ehegattensplitting, das einen zweiten Job pro Familie häufig unattraktiv macht, existiert in Frankreich nicht. Ein Paar ist ein Paar und wird nicht besser gestellt – aber Eltern sollen davon profitieren, Nachwuchs zu haben.

Vielleicht sind die französischen Männer auch eher bereit, mit einer besserverdienenden Frau zu leben. „Ich vergleiche doch nicht unsere Gehaltszettel, bevor ich mich verliebe", sagt Greg, der Mann von Ärztin Mathilde. Greg ist auf Korsika geboren und hat in seinem Leben alles Mögliche gemacht, vor allem aber hat er schon als Kind die zahlreichen Rallyes auf der Insel im Mittelmeer mit seinem Vater besucht. „Seitdem habe ich eine Leidenschaft für Autos." Als es mit seinem Job als Assistent bei Filmdrehs nicht mehr weiterging, bewarb er sich bei einem Autohändler und verkauft seitdem Citroëns und Peugeots. „Das füllt ihn aus", sagt Mathilde. Ich sitze mit den beiden auf ihrem weißen Sofa und fühle mich ein wenig unwohl. Ich hatte gefragt, ob ihr Gehaltsunterschied kein Problem sei, und dachte sogleich, dass dies für Greg sicherlich eine unangenehme Frage sei. Aber die beiden lachen nur und schauen sich verschmitzt an. „C'est ton côté allemand, ça?", fragte Mathilde. („Ist das deine deutsche Seite?") „Wir hatten uns die Frage nie gestellt. Wichtig ist doch, dass wir unsere gemeinsame Zeit gut verbringen können. Seine Arbeit interessiert mich daher nicht so sehr." Greg nickte.

Mathilde leitet als Fachärztin in einem Krankenhaus die diabetologische Station, am Wochenende hat sie Rufbereitschaft, und wenn sie mal in einer privaten Klinik aushilft, verdient sie an zwei Tagen so viel wie Greg in zwei Wochen. Sie ist sehr perfektionistisch, ihre Wohnung ist selbst mit einem Krabbelkind immer blitzblank, und sie hat ihre Abschlüsse alle mit Bravour bestanden. Wenn auf ihrer Station ein Notfall eintrifft, etwa eine Frau, deren Stoffwechsel vollständig entgleist ist, muss sie auch mal mitten in der Nacht in die Klinik fahren. Manchmal reist sie für Fortbildungen zwei oder drei Tage nach Paris oder Zürich. „Da ist es doch gut, wenn Greg auf Tom aufpassen kann", sagt Mathilde. Und Greg, dieser hochgewachsene Mann mit Bart, auf einer sehr machogeprägten Insel geboren, genießt es, wenn Tom sich von ihm trösten lässt, als er auf den Terrassenstufen hinfällt.

Französinnen ist vielleicht bewusster als uns Deutschen: Ein Mann, der Karriere macht, viel Geld verdient und ehrgeizig ist, hat automatisch weniger Zeit für die Familie. Die umschwärmten Gutverdiener sind es, die ihren Kindern abends gerade noch einen Gutenachtkuss geben können. Und das geht nur so lange gut, wie einer der beiden Eltern – in Deutschland nahezu immer die Frau – beruflich und privat zurücksteckt, weniger Geld verdient und dafür mehr zuhause ist. „Ich finde es toll, dass Greg so regelmäßige Arbeitszeiten hat. Sonst müsste ich ernsthaft überlegen, mir einen anderen Job zu suchen – nachdem ich fast zehn Jahre lang in der Ausbildung war! Nein, das hätte ich nicht gewollt", sagt Mathilde, und der Widerwille davor, ihren geliebten Job im Krankenhaus aufgeben zu müssen, ist ihr deutlich anzusehen.

Diese Frau hätte mein Schwager vielleicht nicht geheiratet. Frank ist Manager bei einer großen Telekommunikationsfirma, alle paar Wochen ist er für ein, zwei Tage auf Konferenzen in Schweden, Finnland oder auch China. In Aachen hat er studiert und sich immer weiter hochgearbeitet, er hat sich in einer harschen Branche viel aufgebaut und macht bereitwillig Überstunden, wenn ihm ein Kundendeal unter den Nägeln brennt. Und er findet es schön, mehr zu verdienen als meine Schwester, die Sonderpädagogin ist und für ihre zwei gemeinsamen Kinder die Stundenzahl halbiert hat. „Ich würde mich irgendwie seltsam fühlen, vielleicht nicht als vollwertiger Familienvater, wenn Katrin mehr verdient als ich." Und Frank analysiert treffend: „Mit Kindern können nicht zwei Menschen Karriere machen."

Natürlich müssen deutsche Familien auch Angst haben, mit einem Lohn nicht auszukommen. So aufwändig, teuer und lückenhaft, wie Kinder betreut werden können, muss einer oder eine beruflich nachsehen. Da haben sie es viel schwerer als die Franzosen. Als Doppelverdiener mit guter Betreuung für ihre Kinder kommen sie erst gar nicht in die Situation, sich für den Job ihres Mannes oder ihrer Frau zu entscheiden. Obwohl es bei deutschen Paaren häufig keine wahre Diskussion ist: Meistens läuft es automatisch darauf hinaus, dass die Mutter zuhause bleibt. „Irgendwie war das dann klar", formulieren es meine Freundinnen häufig passiv, als gäbe es keine Akteure in diesem Stück. Bei Hans und mir war es ähnlich – er hat nach der Geburt einige Monate reduziert, während ich mit Fred zuhause blieb. Weil er das feste Einkommen hatte, um unseren Kredit zuverlässig abzahlen zu können, wollten wir uns nicht auf mein unsicheres Gehalt verlassen. Zudem habe ich gerne gestillt und hätte mir auch nicht vorstellen können, direkt wieder zu arbeiten. Aber weil ich nur vier Monate lang aussetzte und nicht ein gesamtes Elternjahr oder mehr, wog dieser Kompromiss weniger schwer. Dabei habe ich schon in dieser kurzen Zeit bemerkt, wie schnell ich in die Hausfrauenrolle rutschte, die ich zuvor so ablehnte. Abends, wenn ich Hans von der Arbeit zurückerwartete, tigerte ich mit Fred auf dem Arm in der Küche herum und hoffte darauf, seine Fahrradlampe schon auf der Einfahrt zu erspähen. Ich gab mir sehr viel Mühe mit dem Abendessen, damit ich auch etwas Produktives vorweisen konnte – fast wie meine Großmutter, die ängstlich ihren Mann fragte: „Schmeckt es dir, Willi?" Die traditionelle Rollenaufteilung, die schon mit der Männerwahl vorgezeichnet ist, verändert unser Leben dauerhaft.

Franzosen und Französinnen scheinen mir weniger starr zu sein. Französische Männer kennen Mütter eben auch als Berufstätige, nur wenige erwarten, eine Frau zu heiraten, die sich selbstverständlich um die Kinder kümmert. Vater und Mutter wechseln sich häufiger ab. Charlotte blieb zum Beispiel einige Zeit für ihren ersten Sohn zuhause, für die Tochter war es dann der Mann, der die vier Monate bis zur Kita überbrückte. „Ich hatte mich gerade neu als Krankenschwester in einer Klinik eingearbeitet und wollte nicht vollkommen von vorne anfangen. Außerdem tut es mir gut, mit den Patienten zu arbeiten. Olivier war in seiner Elektrofirma in einer Sackgasse, das passte ganz gut zusammen."

Französinnen suchen natürlich auch einen Mann, der ein guter Vater ist und möglichst auch Geld verdient, aber beides scheint gleich wichtig zu sein. Selbst wenn die Beziehung einmal zu Ende geht – also bei immerhin rund vierzig Prozent aller Eltern, in Deutschland ebenso wie in Frankreich. Vor kurzem haben Französinnen sogar eine Organisation gegründet, die einfordert, Scheidungskinder von beiden Eltern gleichwertig betreuen zu lassen. „Ich bin eine Mutter, und als solche habe ich kein schlechtes Gewissen, meine Kinder auch dem Vater zu übergeben", sagt Stéphanie Hain, Vorsitzende der neuen Gruppe. „Ich bleibe eine hundertprozentige Mutter, aber auch eine berufstätige Frau: Es ist sehr schwierig, alleinerziehend einen Beruf auszuüben. Die abwechselnde Sorge um die Kinder ist der beste Weg, beiden Eltern ein ausgeglichenes privates und berufliches Leben zu ermöglichen. Und unsere Kinder werden von Vätern und Müttern profitieren." Unterschrieben haben die Petition für das geteilte Sorgerecht Tausende Frauen, darunter Medizinerinnen, Großmütter, Erzieherinnen und Politikerinnen. Die Pariser Regierung diskutiert aktuell, ob diese paritätische Aufteilung nicht zum Standard erhoben werden soll – denn bislang werden auch in Frankreich in rund 89 Prozent aller Familien den Müttern die Kinder zugesprochen.

Mütter, die sich dafür einsetzen, den Vätern das Sorgerecht fünfzehn Tage im Monat zu übertragen? Und das vor allem aus beruflichen Gründen? In Deutschland undenkbar. Frauen hätten ein viel zu schlechtes Gewissen, offensiv ihre Kinder abgeben zu wollen – und Männer wären überrascht, wenn sie nicht nur an Wochenenden und in den Ferien nach ihren Kindern gucken müssten. Dabei geht es in Deutschland den alleinerziehenden Frauen tatsächlich besonders schlecht. Sie tragen das größte Risiko, arm zu werden, sie üben nur noch sehr selten ihren ursprünglichen Beruf aus und sind sozial gebrandmarkt. Sie hätten also allen Grund dazu, sich ebenfalls für ein paritätisch aufgeteiltes Sorgerecht einzusetzen. Das Aufbegehren der alleinerziehenden Französinnen zeigt, wie selbstverständlich sie ihre beruflichen Ambitionen mit denen ihres Mannes gleichsetzen. Sie wollen nicht den Job und das Einkommen ihrem Mann überlassen – selbst, wenn es sich schon um den Ex handelt. Sie suchen nicht nach einem Ernährer oder jemandem, der ihnen den Unterhalt zahlt. Sie wollen selbst für sich sorgen und der Mann soll sich (auch) um die Kinder sorgen.

Inzwischen ändert sich das Männerideal auch in Deutschland – nur sehr viel langsamer als im Nachbarland. Als mein Schwager Frank eines Freitagnachmittags einen Kollegen in Schweden anrief, um eine millionenschwere Konferenz vorzubereiten, hörte er im Hintergrund Kindergeplapper. „Sorry, ich bin in Elternzeit und komme erst in vier Monaten wieder", sagte der Nordeuropäer. Seine Frau habe sich gerade selbständig gemacht. „Aber wir müssen doch unser Projekt den Kunden präsentieren", protestierte Frank. „Kannst du denn nicht kurz einfliegen?" Nein, das konnte und wollte der Schwede nicht. Frank war beeindruckt. „Es wird schon normaler mit der Zeit, als Mann für die Kinder die Karriere schleifen zu lassen." Dann werden Frauen vielleicht auch weniger einen Brotverdiener und mehr einen Gleichgesinnten suchen. Und finden.

Das gute Gewissen

„Wir sind alle mittelmäßige Mütter."
Élisabeth Badinter, französische Philosophin

Als ich mit Fred im achten Monat schwanger war, ging ich mit zittrigen Knien zur Tagesmütter-Beratung. Wir wollten für Fred im ersten Jahr am liebsten eine Tagesmutter wählen und dann später erst eine der Kindertagesstätten. Würde es in unserer kleinen Stadt eine nette Nanny mit ausreichend Stunden für unseren Kleinen geben? Die Beraterin, eine junge Frau mit einem Sohn und zwei Zwillingsmädchen, gab mir eine Liste mit 34 Tagesmüttern. Mit schlechtem Gewissen sprach ich von künftig 35 Stunden wöchentlicher Betreuung für meinen dann vier Monate alten Sohn. Er war noch nicht einmal geboren, und schon wollte ich ihn weggeben. „Kein Problem", sagte die freundliche Madame. Viele Eltern nähmen fünfzig und mehr Stunden. „Je nach Beruf und Alltag, das ist logisch", sagte sie einfach. Und als sie mich so zweifelnd vor sich sitzen sah, fügte sie noch hinzu: „Machen Sie sich keine Sorgen. Glückliche Eltern haben glückliche Kinder."

Was für ein Satz. Es ist nicht irgendeine Formel, sondern ein Mantra, das mir in Frankreich immer wieder entgegenschallen wird. Glückliche Eltern haben glückliche Kinder. Für Eltern bedeutet dieser Satz, nicht auf Hobbys und Arbeit zu verzichten, die sie zuvor erfüllt haben. Für die Kinder bedeutet es, entspannte Eltern zu haben – die vielleicht weniger Zeit für sie einplanen, dafür aber freudvoll mit dem Nachwuchs umgehen können. Und für die Gesellschaft bedeutet es, sich nicht nur um Kitaplätze zu kümmern, sondern auch dafür zu sorgen, dass sie unbekümmert angenommen werden können. „Wir müssen selbst stark sein und uns gut fühlen, um unsere Kinder zu erziehen", wird mir später Marie sagen. „Es ist wie im Flugzeug: Dort sollen wir auch zuerst uns die Atemmaske aufsetzen und dann dem Kind helfen. Wir brauchen selbst Sauerstoff, um den Kleinen beizustehen."

Wenige Tage später sehe ich die Madame von der Beratungsstelle um 18.30 Uhr aus dem Bus steigen. Sie ist auf dem Weg zum Kindergarten, um ihre Zwillinge abzuholen. Sie lebt selbst, was sie mir ans Herz legte: Offenbar ist sie glücklich damit, ganztags zu arbeiten. Und glaubt fest daran, ihre Kinder ebenfalls glücklich machen zu können. Das gute Gewissen französischer Eltern, Kinder zu bekommen und dennoch ihr früheres Leben weiter zu pflegen, ist bestimmt einer der größten Unterschiede zu deutschen Familien. Meine deutschen Freundinnen haben mir viel von diesem unangenehmen Gefühl berichtet, sich häufig als unzulänglich zu empfinden. Die große französische Philosophin Élisabeth Badinter hat über diese nagende Spannung ein Buch verfasst: *Der Konflikt – die Frau und die Mutter*. Darin bedauert sie vor allem deutsche Frauen, die sich zwischen Kind und Beruf, Kind und Hobby, Kind und eigenem Selbst schier zerreißen würden.

Als *Der Konflikt* 2010 in Paris herauskam, verbrachte Badinter wochenlang in Interview- und Sondersendungen, so genau trifft sie mit ihren Thesen die französische Seele, und so interessant ist es, ihr zuzuhören. Sie ist eine sehr scharf kommentierende Gesprächspartnerin, jeder ihrer Sätze ist druckreif. Badinter ist in Frankreich so beliebt wie in Deutschland Margot Käßmann – und zugleich das feministische Gewissen vieler Generationen. Franzosen verehren Badinter, weil sie unermüdlich für Quoten, gleichberechtigte Kindererziehung und gegen Verschleierung in Frankreich kämpft. Sie ist eine feste moralische Instanz. Als sie mir für ein persönliches Interview zusagte, war ich sehr froh und gespannt. Ich bereitete mich akribisch auf das Treffen in Paris vor.

Die schmale Frau in den Siebzigern mit dem dichten grauen Pagenschnitt und den sehr klaren blauen Augen empfing mich in ihrer Wohnung im fünften Stock eines Jugendstil-Hauses direkt am Jardin du Luxembourg. „Für meine Arbeit fahre ich aber häufig zu Archiven in den Vorstädten", sagte Badinter fast entschuldigend, als ich ihre Aussicht auf die grüne Oase im Herzen der Hauptstadt bewunderte. Unser intellektueller Schlagabtausch musste aber erst einmal verschoben werden. Kaum in ihrem Wohnzimmer mit den schweren Sesseln und dem nussbaumfarbenen Tisch angekommen, hatte ich eine meiner typischen Schwangerschaftsbeschwerden. An jenem Julitag war es zudem sehr heiß, ich hatte wohl auch zu wenig gegessen. Mir wurde schwindelig und schummerig, ich konnte meine handschriftlichen Fragen im Notizbuch kaum entziffern. Etwas verzweifelt und stumm saß ich Badinter gegenüber. Nach zwei Minuten Stillschweigen gab sie vor, in wenigen Minuten verabredet zu sein. Sie dachte sicherlich, sie hätte Besseres zu tun, als einer deutschen Journalistin ohne Fragen gegenüberzusitzen. „Äh, mir ist nicht so gut", sagte ich schnell, panisch, dieses lange vorbereitete Interview zu verlieren. „Ich bin schwanger", platzte es aus mir heraus. Badinter kümmerte sich rührend. Sie, die schon viele Diskurse in Talkshows innerhalb von zwei Minuten zerlegte, war sehr zuvorkommend. Aus der Küche holte sie mir Kirschsaft mit

Eiswürfeln und bot mir sogar an, ich könne mich auf ihrer Couch hinlegen. Kurz darauf ging es mir aber glücklicherweise besser. Und sie fing an, mich zu interviewen. „Hätten Sie auch in Deutschland zwei Kinder haben wollen?" Eine Frage, die ich mir schon häufig gestellt hatte.

Badinter forscht für ihre Publikationen in der Vergangenheit und hatte in einem früheren Buch beschrieben, wieso der sogenannte „Mutterinstinkt" eine soziale Erfindung sei, eine gesellschaftliche Idee. Fast zwei Jahrzehnte später ist sie darüber aufgeschreckt, wie ein neuer Diskurs Frauen weismachen will, es liege in ihrer Natur, sich um ihre Kinder zu kümmern, sie möglichst lange zu stillen und zu behüten. „Wissen Sie, je mehr Druck auf die Frauen ausgeübt wird, umso weniger wollen sie Kinder haben. Und ihr in Deutschland, ihr seid Meister darin, das Muttersein auf ein Podest zu heben, an das keine Frau herankommt." Jede Frau, die in eine allumfassende Mutterrolle gedrängt werde, vermisse früher oder später ihre Rolle als Partnerin, als Freundin und Selbständige, als Arbeiterin. „Der ständig beschworene Mutterinstinkt ist der größte Feind der Fruchtbarkeit."

Badinters eisblaue Augen funkelten, ich spürte ihre große Energie. Sie hat etwas Anarchisches an sich und wehrt sich generell dagegen, Menschen Vorschriften zu machen. In ihrem Buch zweifelt sie sogar an, dass ein paar Gläser Wein und einige Zigaretten einer Schwangeren schaden könnten – und sie hat dafür zahlreiche Studien ausgewertet. Auch während ich, noch ohne großen Bauch, aber offensichtlich in einem etwas blümeranten Zustand, neben ihr sitze, raucht sie zwei Peter Stuyvesant. Das erschien mir ein wenig unhöflich, aber irgendwie auch mutig von ihr, gesellschaftliche

Konventionen so radikal zu missachten. Ebenso wehrt sie sich gegen die „Muttermilch-Dominanz" in westlichen Gesellschaften.

„Dieser ständige Druck, stillen zu müssen, macht vielen Frauen das Leben nach der Geburt schwer. Ihnen wird alles abverlangt – zuerst eine optimale Schwangerschaft, und dann, wenn sie erschöpft im Wochenbett liegen, sollen sie zu jeder Tages- und Nachtzeit stillen." Badinter guckt mich entgeistert an. „Mütter schulden ihren Kindern alles – das ist die heutige Botschaft." Badinter hat in ihrem Buch erforscht, wie die gerade in Deutschland sehr aktive Organisation „Leche League" dafür kämpft, an allen Krankenhäusern Beraterinnen zu installieren, die schon werdende Mütter zum Stillen drängen sollen. Laut Badinters historischen Studien ist die weltweite Organisation von reaktionären, erzprotestantischen Frauen gegründet worden, die Mütter am liebsten zuhause sehen. „Vertun Sie sich gerade als Deutsche nicht – häufig gibt es eine unheilige Allianz von Menschen, die eine natürliche Geburt und Erziehung promoten und erzkonservativen, frauenfeindlichen Zirkeln angehören. Denn ‚natürlich' wird fälschlicherweise gleichgesetzt mit einer Mutter, die zuhause bleibt, Windeln wäscht, Babybrei kocht und sich vollkommen auf das Kind konzentriert."

Badinter selbst hat übrigens zwei erwachsene Söhne und eine Tochter. „Die Mutterschaft ist eine sehr ambivalente Zeit. Wir sind alle mittelmäßige Mütter." Badinter kam dieser Satz sehr leicht über die Lippen, und auch meine französischen Freundinnen lassen ihn hier und da mal fallen. „Ich kann mich nicht um alles kümmern", sagen sie, wenn sie die Einschreibungsformulare für die Kita vergessen haben, „Ich hatte keine Lust, zu kochen", wenn sie mal wieder ein Gläschen aufwärmen. „Es gibt bestimmt bessere Mütter", sagt auch meine französische Freundin Audrey zu mir. „Manchmal habe ich echt keine Geduld, und der Kleine nervt mich furchtbar. Dann mache ich ihm einen schrecklich-schlechten Comic auf meinem iPad an, atme tief durch und steige in die Badewanne. Ganz schön blöd, oder?", sagte sie zu mir, aber sie lachte dabei herzlich. „Ich habe die letzten Tage wirklich keine Geduld mit meinem Sohn", sagte Mathilde, als wir uns eines Tages müde gegenübersaßen. „Ich wünschte, ich hätte auch mehr davon", erwiderte ich. Mathilde tröstete mich sofort. „Wir haben auch viel zu stemmen. Da können wir nicht immer perfekte Mütter sein."

„Die perfekte Mutter ist ein großer Mythos", sagt auch Badinter. Und doch ist es ein Ideal, an das wir deutschen Eltern heranzukommen versuchen. Wir sind der Überzeugung, möglichst viel unseres Alltags mit dem Kind teilen zu müssen. Das ergab eine Umfrage von Allensbach: Achtzig Prozent glauben eine gute Mutter zu sein, wenn sie „viel Zeit mit ihrem Kind verbringen". Die Zeitdauer ist in der Hitliste genauso wichtig, wie dem Kind zu zeigen, dass man es liebt. Und sogar jeder vierte Befragte meint, die Mutter solle am besten ihren Beruf aufgeben, um „ganz für das Kind da zu sein".

Ich hatte auch immer mal wieder Angst, Fred in die Kita zu geben. Als er nach ein paar Monaten bei der Tagesmutter mit einem Jahr in der „crèche" eingewöhnt werden sollte, fiel ihm die neue, laute Umgebung mit den unbekannten Gesichtern sehr schwer. Die erste Woche fand er keinen Schlaf in dem fremden Bett, mittags holten Hans oder ich ihn müde wieder ab, schon am Eingangstor der Kita schlief er im Tragerucksack ein. Obwohl die Erzieherinnen beteuerten, Fred würde sich sehr schnell beruhigen, zweifelte ich an unserer Entscheidung. Meine französischen Freundinnen und Freunde bauten mich auf. „Es ist die erste Trennung von euch, das ist normal. Und wenn du ihn erst in einem Jahr schickst, wird es genauso schwer für ihn sein", sagte Marie. „Du wirst sehen, er wird dich bald fröhlich verabschieden. Und bestimmt will er keine frustrierte Hausfrau als Mutter." Ich beruhigte mich etwas. Die französische Überzeugung, dass entspannte und erfüllte Menschen die glücklichsten Kinder haben, war für mich sehr erleichternd.

Und Marie sollte recht behalten. Nach gut zwei Wochen hüpfte Fred morgens vom Arm in die Spielecke, meistens zu der kleinen Plastikrutsche. Wenn andere Kinder gerade dabei waren, auf dem kniehohen Tisch zu puzzlen, versucht er auch ein paar Teile zu setzen. „Il a passé une très bonne journée", sagen die Erzieherinnen nun fast immer, wenn wir Fred abends wieder abholen: „Er hat einen sehr guten Tag verbracht." Inzwischen haben Hans und ich nicht mehr das Gefühl, die Kita nur zu bezahlen, um arbeiten zu gehen. Nein, Fred geht auch in die Kita, weil sie ihm eine schöne und interessante Zeit garantiert. Er kann mit kleineren, gleichaltrigen und etwas größeren Kindern spielen. Wir könnten ihm die Malkurse, den afrikanischen Märchenerzähler, das Herumtoben mit Julie, Marius, Muriél und Léon zuhause nicht bieten. Und ich möchte nicht meine Tage damit verbringen, Sandkuchen zu backen und Windeln zu wechseln, sondern bin froh, morgens von der Kita aus an den Schreibtisch eilen zu können.

Meine deutschen Freundinnen (und einige wenige Freunde) aber plagt immer noch das schlechte Gewissen. Als sei nichts besser für das Kind, als zuhause im Wohnzimmer zu spielen oder bei schönem Wetter für ein paar Stunden am Tag auf den Spielplatz zu gehen. Stefan und Julia haben ihren Sohn erst mit einem Jahr in die Kita gegeben und trotzdem Sprüche dafür kassiert. „Das arme Kind", sagten Freunde, oder auch den Klassiker: „So klein ist das Kind doch bei der Mutter am besten aufgehoben." Julia hatte an den Sprüchen zu knacken. „Das ist bestimmt auch ein Grund, warum sie seit der Geburt unseres Sohnes nicht mehr voll arbeiten ging. Dieses schlechte Gewissen, nicht für sein Kind zu sorgen, bremst natürlich", erzählt Stefan. Vor allem die Mütter bremst es – sie sind es, die nur Teilzeit oder gar nicht mehr arbeiten gehen.

Väter können das Kind meistens ohne Schuldgefühle weggeben. Die Gedanken, ob es dem Kind ohne sie auch wirklich gut geht, machen sich häufig allein die Mütter. Und die Männer können sich darauf verlassen. Manchmal sagten sie zu mir, als ich die langen Kita-Tage von Fred erwähnte: „Wofür habt ihr dann überhaupt ein Kind bekommen?" Es waren dieselben, die häufig fünfzig bis sechzig Stunden in der Woche arbeiteten, also etwa doppelt so viel wie ich im ersten Jahr, aber ihr Verantwortungsgefühl wurde durch die Frau an ihrer Seite gänzlich beruhigt. Die Väter wollen nicht zuhause bleiben, aber sie sind froh, wenn ihre Frau es tut. So können sie unbekümmert weiterarbeiten, oftmals sogar mehr als vor der Geburt. Viele meiner Freundinnen mussten sie selbst mühsam zur zweimonatigen Elternzeit überreden. Wäre ihre Partizipation nicht erforderlich, um volle vierzehn Monate von dem staatlichen Elterngeld in Deutschland zu profitieren, würden sie sich sicherlich noch seltener darauf einlassen. Sie sehen sich einfach weniger in der Pflicht. Mein alter Freund Stefan sagte ehrlich zu mir: „Ich hätte nicht zuhause bleiben können. Das wäre mir intellektuell viel zu anspruchslos geworden, ich hätte mich gelangweilt."

Ich glaube, Mütter langweilen sich auch. Es ist süß, dreimal am Tag dasselbe Bilderbuch über Tiere im Wald vorzulesen, aber über Monate wird es eintönig. Es macht Spaß, mit anderen Eltern auf dem Spielplatz den Kleinen beim Sandschmeißen zuzugucken, aber auch das ist am vierten Morgen weniger lustig. Meine französischen Freundinnen sagen dies offen. „Boah, war mir gestern langweilig mit meinem Sohn", sagte Mathilde einmal, und auch Marie meinte, sie würde „geistig versumpfen", wenn sie zu viel Zeit exklusiv mit ihren Töchtern verbrächte. Deutsche Frauen habe ich selten so reden hören, es würde vielleicht zu sehr ihrem Anspruch an eine ununterbrochen liebevolle und begeisterte Mutter widersprechen. Nur anonym trauen sie sich, ihre natürlich auch negativen Gefühle zu offenbaren. In einigen Internetforen schreiben Mütter – oder Väter – mit drastischen Worten, wie es sich anfühlt, „jeden Tag, jede Stunde, jede Minute mit einem inkontinenten und minderbemittelten Wesen" zu verbringen.

Die sogenannte Mutterliebe ist nichts Natürliches, nichts, das uns von selbst innewohnt. Und auch ich habe gespürt, wie dieses bedingungslose Gefühl erst einige Tage nach der Geburt in mir wuchs, es ist so wenig selbstverständlich wie Kinder, die ein Leben lang ihre Eltern lieben und sich um sie sorgen. Die berühmte amerikanische Anthropologin Sarah Blaffer-Hrdy spürte in ihrem 700 Seiten starken Standardwerk *Mutter Natur – die weibliche Seite der Evolution* nach, wie Frauen und weibliche Tiere ihren Nachwuchs aufgezogen haben und noch heute aufziehen. Hrdy schreibt ergreifend, wie sie bei jedem ihrer drei Kinder zerrissen war, ob sie nicht zuhause bleiben müsse, um sich um sie zu kümmern – und zugleich so gerne weiter über Primaten und ihre Geschichte geforscht hätte. Sie versuchte, nachts Aufsätze zu schreiben, während ihre erste Tochter noch alle drei Stunden gefüttert werden wollte, ihre Augen füllten sich mit Tränen, wenn sie von einer Forschungsreise in Indien ihre kleine Tochter in New York anrief. Diese Ambivalenz, die sie bei allen arbeitenden Müttern wiederfand, motivierte sie zu analysieren, was es historisch bedeutete, eine Mutter zu sein, und was Babys und Kinder von ihren Eltern wirklich benötigen.

Über drei Jahrzehnte forschte sie in sieben Ländern über die Menschheitsgeschichte. Sie durchforstete historische Briefe, Fotografien und Testamente, Volksmärchen, Tagebücher und selbst Telefonbücher nach Hinweisen über den Umgang von Eltern mit ihren Nachkommen. Sie sieht die heutige Generation in einer langen Reihe einer milliardenalten Erdgeschichte. „Selbst die Endorphine, die wir bei der Geburt ausschütten, teilen wir mit Erdwürmern." Ihre wichtigste Botschaft aber ist: Mutter zu sein war nie einfach, nicht jetzt und nicht zur Bronzezeit, als nur etwa zehntausend Menschen auf der Erde lebten. Und Mütter verfolgen weltweit immer ein gewisses und eben nicht selbstloses Kalkül, wenn sie sich um ihre Kinder kümmern. So werden besonders diejenigen behütet, die einen sozialen Aufstieg der Familie versprechen. Mutterinstinkt, sagt Hrdy, sei weder automatisch noch allzeit gleich, es sei ein „historischer Irrtum, ein Mythos", von ihm zu sprechen. „Elterliche Gefühle sind sehr flexibel. In der Menschheitsgeschichte haben die Eltern meistens sehr viel weniger Zeit mit ihrem Kind verbracht als wir heute."

Eine sehr entlastende Erkenntnis. Es ist nicht die Natur, die uns den einzig gangbaren Weg weist, wie wir unsere Kinder zu umsorgen haben, es ist die Gesellschaft, die ihn alle paar Jahre neu erfindet. Und deshalb ist auch nichts in Stein gemeißelt. Kinder zu haben ist nicht immer süß und anregend. Hans spricht manchmal von einem „Lagerkoller", wenn wir zu dritt das Wochenende verbrachten und zu sehr aufeinander hockten. Nach einem Kita-Tag ist die Stimmung gleich viel besser, die zeitweilige Trennung tut unserer Familie richtig gut. Und wir sehen, wie unbekümmert französische Eltern davon ausgehen, getrennte Zeiten seien für alle Familienmitglieder schön. Aber es ist so schwer, dies in Bochum oder Berlin zu formulieren. Deutsche Eltern fühlen sich verpflichtet, ihre Rolle bravourös auszufüllen und ein Maximum an Zeit mit ihrem Nachwuchs zu verbringen.

„Es ist gefährlich, den natürlichen Platz des Kindes immer an der Seite der Mütter zu sehen", sagt die französische Vordenkerin Badinter. Sie macht die von ihr so benannten „Naturalisten" dafür verantwortlich, dass sich Frauen alles im Namen der Natur abverlangen wollen. „Die Naturalisten sind reaktionär und rückschrittlich – und in vielen Ländern haben sie die Meinungshoheit übernommen." Zu ihnen zählt sie Autoren, die Männer als Jäger und Frauen als Heimchen am Herd festlegen, aber auch Diskurse, die Mütter wichtiger als Väter ansehen und die im Stillen an der Brust die einzig vertretbare Ernährung des Babys sehen. Auch das Bonding, diese inzwischen sehr populäre Theorie der frühen emotionalen Bindung zwischen Müttern und ihren Kindern, sieht Badinter als Angriff auf eine unabhängige Entscheidung der Frau. „Hieß es zunächst noch, die ersten Stunden und Tage nach der Geburt seien entscheidend, dehnte sich diese Phase in den Diskursen der Wissenschaftler mehr und mehr wieder aus", heißt es in ihrem Buch. Und zu mir sagte sie: „Pädagogen sind immer sehr schnell dabei, Frauen neue Aufgaben für das Kind mitzugeben. Häufig ist das wissenschaftlich nicht zu halten – die Kollegen müssen zurückrudern."

Manchmal so schnell, dass sich einige der Experten anschließend sogar selbst revidieren mussten. Der US-Amerikaner Thomas Berry Brazelton, einer der einflussreichsten Kinderärzte des 20. Jahrhunderts, milderte seine steilen Thesen einige Jahre später wieder ab. Er hatte behauptet, die ersten Stunden nach der Geburt seien entscheidend für das Urvertrauen und das gesamte spätere Beziehungsverhalten der Kinder. „Einige haben die Forschung über das ‚bonding' zu wörtlich genommen. Die Verbundenheit mit dem Kind ist ein langer Prozess und nicht alleine ein einzelner, magischer Moment nach der Geburt", erklärte er Jahre später.

Überhaupt scheinen Bindungstheorien immer auch eine politische Note zu haben. Der amerikanische Kinderpsychologe Jerome Kagan verficht eine interessante Theorie, warum diese Bonding-Postulate in den USA, aber auch in Deutschland so populär wurden: Sie seien von der psychologischen – meist männlichen – Elite so akzeptiert worden, weil sie ihren eigenen Vorstellungen entsprachen. „It reinforced what we naturally feel true about babies – they need their mothers." („Es bekräftigte, was wir ohnehin als natürliche Wahrheit ansahen: Babys brauchen ihre Mütter.") Laut Kagan untersuchen Psychologen häufig das, was in der jeweiligen Epoche einen „Angstknoten" darstellt – also etwa die Frage, ob Kinder betreut werden sollen oder besser nicht.

Und sie stellen nicht nur die zeitgemäße Frage, sondern sie finden auch häufig eine Antwort, die in die jeweilige Stimmung passt. Und schließlich publizieren Journalisten nur das Ergebnis in den Medien, das dem jeweiligen „Angstknoten" entspricht. So werden bestimmte Thesen plötzlich zum Allgemeingut.

Die Bonding-Theorie mit all ihren Verpflichtungen kam genau zu der Zeit auf, als unsere Mütter massenhaft arbeiten wollten. Viele Eltern und bestimmt auch viele Psychologen, die selbst Väter waren, ängstigte diese relativ neue Entwicklung. Sicherlich nicht zufällig feierten in den 1990er-Jahren Filme wie *Mrs. Doubtfire* und *Kevin allein zu Haus* große Erfolge: In beiden werden berufstätige Mütter als kalte Egoistinnen verschrien, die entweder so sehr mit ihrer Karriere beschäftigt sind, dass sie nicht unter der Perücke der Haushälterin ihren eigenen Ehemann erkennen, oder nach dem Job so gestresst in den Urlaub fahren, dass sie ihren Sohn zuhause unter dem Weihnachtsbaum vergessen. Die beiden völlig absurden Filme waren Millionenerfolge – in den USA und auch in Europa.

Die Komödien passten zu dem „Angstknoten" der Deutschen. In Deutschland fanden auch jene Bindungstheorien Widerhall, die das Kind bei der Mutter verorten. Noch heute sind Bücher auf dem Markt, die Titel tragen wie diesen: *Mama, Papa oder Krippe? Erziehungsexperten über die Risiken der Fremdbetreuung.* Herausgegeben von der früheren Fernsehmoderatorin Eva Herman. Eine Frau mit ihren Ansichten käme in Frankreich nicht einmal zu Wort, in Deutschland wird sie gelesen. In ihrem Vorwort schreibt sie: „Kinder sollten wieder in den Mittelpunkt gestellt werden", und die „Unersetzbarkeit der Eltern-Kind-Beziehung" solle wieder bewusst werden – mit der Folge, Mütter wieder jahrelang zuhause bei den Kindern zu lassen. Und die Autoren in Hermans Buch zitieren wieder unaufhörlich Brazeltons Bonding-Theorie – so, als hätte sich seit den 1960er-Jahren nichts getan.

Herman ist inzwischen in den deutschen Medien glücklicherweise kaum noch präsent, sie hat sich mit missglückten historischen Vergleichen noch zusätzlich ins Abseits gespielt. Aber sie ist ein Symptom für die deutsche Gesellschaft, die sich noch immer nicht uneingeschränkt für eine freie Wahl der Betreuung und ein selbstbestimmtes Leben der Eltern ausspricht. In Frankreich hingegen haben andere Autorinnen und Autoren das Sagen. Beispielsweise die inzwischen verstorbene Psychoanalytikerin Françoise Dolto. Eine jahrelange Radiosendung Ende der 1970er-Jahre machte sie landesweit bekannt und beliebt. Noch heute sind unzählige Kindertagesstätten in ganz Frankreich nach ihr benannt. „Die (...) Kinderärztin hat es ihren französischen Kollegen erst ermöglicht", so hieß es in ihrem Nachruf, „sich ernsthaft mit Kindern auseinanderzusetzen" – weil sie sie als eigenständige Personen wahrnahm. Und als solche, so ihre These, hätten sie ein Recht darauf, ein eigenes Leben unabhängig von den Eltern zu entwickeln. „Kinder sollten von Anfang an ein soziales Leben haben und nicht isoliert leben", sagte Dolto. Für sie ist die Trennung von Mutter und Vater ein wichtiger Schritt zur Selbständigkeit.

Eine solche Absolution für die Betreuung unserer Kinder hätte mir und meinen Freundinnen gutgetan. Die ständigen deutschen Diskurse über Frauen und ihre Aufgaben als Mutter haben uns argwöhnisch werden lassen, ob eine Kita für den ganzen Tag wirklich nicht schadet. Es ist wie mit einigen Zeitschriften für die Schwangerschaft. Eigentlich sollen sie uns beruhigen, aber allein die Vielzahl von Fragen, die sie aufwerfen („Ist es unschädlich, als Schwangere zu fotokopieren? Ist es unschädlich, sich die Fingernägel zu lackieren? Ist es unschädlich, eine Wasserrutsche im Freibad zu benutzen?"), suggeriert eine Vielzahl von Gefährdungen. Die ewige Debatte um Fremdbetreuung, um Herdprämie und Muttergefühle hat ihre Spuren hinterlassen. Selbst von der Betreuung überzeugte Frauen beschleicht ein unsicheres Gefühl.

So sind in Deutschland nicht alleine die fehlenden Krippenplätze problematisch. Ein beinahe noch größeres Problem ist das schlechte Gewissen vieler Eltern, ihr Kind in Betreuung zu geben. Ein Kind „wegzugeben", wie es so unschön heißt, gilt immer noch als Kompromiss. Meine Freundin Johanna therapiert in ihrer eigenen Praxis Menschen, die ein Trauma erlebt haben; sie ist Psychotherapeutin und hat für ihren Traumberuf eine insgesamt zehn Jahre lange Ausbildung absolviert. Zuerst an der Hochschule, wo wir uns in einem sehr trockenen Statistikseminar kennengelernt hatten, dann noch an einem Institut für Psychotherapeuten, das für die über fünf Jahre laufenden Seminare und Prüfungen einige tausend Euro kassierte. Johanna ist eine echte Intellektuelle, sie bestand alle Examen mit Bravour. Mit 33 Jahren bekam sie ihren Sohn Ruben, jetzt ist er dreieinhalb und geht in einen Kindergarten, vorher zu einer Tagesmutter. „Ich finde es wichtig, arbeiten zu können", sagte sie einmal, als sie uns in Frankreich besuchte. Ruben schlief schon im Nebenzimmer, wir saßen auf der Wohnzimmercouch, bzw. Johanna lag mehr oder weniger: Sie war gerade im siebten Monat schwanger mit ihrem zweiten Kind. „Ich versuche aber immer, ihn möglichst früh abzuholen."

Eigentlich könnte Ruben bis 16.30 Uhr im Kindergarten bleiben, aber nahezu täglich versucht Johanna, ihn doch schon um 16 Uhr abzuholen. Dabei therapiert sie noch bis 15 Uhr ihre Klienten in einem zwanzig Kilometer entfernten Ort. Es sind anspruchsvolle Gespräche mit Personen, die vielleicht einen schweren Unfall erlebt haben, die in der Kindheit geschlagen wurden oder einige gescheiterte Ehen hinter sich haben. Trotzdem gönnt sie sich keine Minute Pause und hetzt zum Kindergarten. „Warum machst du das? Du könntest dich doch noch eine halbe Stunde im Sessel ausruhen oder einen Kaffee trinken oder so", schlage ich vor. Johanna guckt mich erstaunt an. „Ehrlich gesagt denke ich immer, wenn Ruben im Kindergarten ist, sollte ich in der Zeit auch arbeiten und darf sie nicht für mich nutzen. Und wenn ich fertig bin, ja, dann hat er das Recht, abgeholt zu werden. Insgeheim", sagt Johanna, die nicht nur ihre Patienten, sondern natürlich auch sich selbst analysiert, „sehe ich die Zeit mit den Eltern als die wertvollste Zeit an." Sie lacht ein wenig irritiert, als wäre ihr diese Selbsterkenntnis nicht ganz geheuer.

Aber Johanna ist bei weitem nicht die Einzige mit dieser Überzeugung: Schon um kurz nach 16 Uhr sind nur noch fünf von sechzig Kindern an Rubens Kindergarten anwesend. Wer als Mutter noch später oder gar zur Schließzeit ankommt, muss sich in der Tat seltsam vorkommen. Väter haben mir übrigens nicht von diesem Anspruch erzählt – wenn sie ihre Kinder nach Hause bringen, dann meist zur vertraglich vereinbarten Zeit.

Einmal, als ich Fred in den ersten Tagen nach den Sommerferien wie gewohnt um 17.30 Uhr von der Kita abholte, war außer ihm nur noch der kleine Adrién da. Die meisten Familien waren wohl noch im Urlaub. Zeitgleich mit Adriéns

Mutter stürmte ich in die Spielecke. „Schon komisch, wenn er einer der Letzten ist", sagte ich und drückte Fred entschuldigend an mich. „Ach, ich glaube, das ist sogar schön für ihn: Die Erzieherinnen verwöhnen ihn dann so richtig, weil sie viel Zeit haben", war ihre Antwort. Ich war verblüfft und begeistert zugleich. Der entscheidende Unterschied zwischen uns beiden war: Ich hatte unterbewusst wieder angenommen, dass die Kita nur ein Kompromiss ist – der bei voller Besetzung vielleicht nicht so auffällt. Adriéns Mutter aber glaubte, die Betreuung ist unter nahezu allen Umständen das Beste für ihren Sohn.

„Das schlechte Gewissen ist für die heutige Generation ein dauerhafter Begleiter", sagt Badinter. „Es tötet jede Lust darauf, noch mehr Kinder zu bekommen." Die Länder, die Frauen in eine aufopferungsvolle Mutterrolle drängten und zugleich wenig Angebote für arbeitende Mütter machten, würden langfristig aussterben. Die deutsche *Mutter*, die italienische *Mamma* und die japanische *Kenbo* seien alle drei mythische Überhöhungen, die der Frau gleichzeitig eine allmächtige und selbstlose Rolle zusprächen. Die Kehrseite: Der optimale Platz für diese Frauen ist zuhause, in der Küche, im Kinderzimmer. „Für die Männer, die in diesen Gesellschaften noch mehr als in anderen Ländern das Sagen haben, ist dieser Status quo optimal: Weniger Konkurrenz auf dem Arbeitsmarkt und die Kinder sind versorgt. Es ist daher unheimlich schwer, etwas daran zu ändern."

Das schlechte Gewissen der deutschen Eltern hört nicht bei der Betreuung auf: Sie haben das Gefühl, ihr Kind ständig fördern zu müssen. Die Sentenz „Fördern und Fordern" hat sich unwiderruflich in die Gedanken eingegraben. Eigentlich stammt sie aus dem Sozialgesetzbuch und war Teil des umstrittenen Arbeitsmarktgesetzes Hartz III. Demnach sollten Arbeitslose verpflichtet sein, aktiv Jobs zu suchen und schlechter qualifizierte und schlechter bezahlte Arbeiten anzunehmen. Seitdem macht der Slogan aber auch unter Eltern die Runde. Er erwischt Mütter, die eigentlich schon alles für ihre Kinder tun, wie meine Schwester. Ich bin immer wieder überrascht, wie sie ihr Familienpensum an Kursen und Betreuung neben ihrem Halbzeitjob schafft und meinen Neffen und meine Nichte nebenbei noch zu zwei so liebenswerten Kindern erziehen kann. Wenn dann am Wochenende die Großfamilie einfällt, um beispielsweise einen Geburtstag zu feiern, stehen trotzdem zwei selbstgebackene Torten auf dem festlichen Tisch und für abends eine Reihe von aufwändigen Gerichten im Kühlschrank. Das Haus ist blitzblank, die Serviettenfarben sind auf das Kaffeegeschirr abgestimmt. So eine Tafel würde ich kaum hinkriegen, ich versuche es auch erst gar nicht. Meine Schwester hat hohe Ansprüche an sich. „Ich habe schon das Gefühl, jetzt die Basis zu legen für das spätere Leben meines Kindes. Und da möchte ich natürlich nichts verpassen, was ihm einmal nützen könnte", sagt meine Schwester. So hilft sie meinem Neffen Tom jeden Nachmittag bei den Hausarbeiten, aber es ist nicht einfach, ihn vom Legospielen abzuhalten. Dabei ist Tom ein sehr guter Schüler, er wird mit Sicherheit in einem Jahr auf das Gymnasium wechseln können.

Deutsche Eltern verspüren großen Druck, das Allerbeste aus den Kindern herauszuholen. Bei einem Infoabend für Pfadfinder fragen Eltern dann: „Was kommt denn bei Ihren Kursen heraus?" Und sie wollen wissen, ob die Tanzschule denn auch „zu etwas führt", also etwa zu großen Auftritten oder lebenslanger Grazie oder wenigstens einer guten Note im Schulsport.

Längst stellen angehende Lehrerinnen in Deutschland ein simples Kalkül auf: Komme ich an eine Schule mit wohlhabendem Umfeld, werde ich Stress mit den Eltern haben, liegt sie in einem eher vernachlässigten Viertel, wird es mit den Schülern anstrengend. Die Eltern sitzen heute quasi mit im Klassenraum, sie lesen aufmerksam die Beurteilung der Klassenarbeiten und fechten sie manchmal an, sie mischen sich in den Lehrplan ein oder fordern vom Pädagogen, doch häufiger Vokabeltests zu schreiben. Sie lassen ihre Kinder krankschreiben, wenn sie das Gefühl haben, die Klassenarbeit könnte schiefgehen. Mein Vater fuhr mit seinen Schülern häufiger mal auf eine Skifreizeit. Und jedes Mal fanden sich ein paar ambitionierte Eltern, die vorher schon mal für viel Geld in einer überdachten Skianlage kurz vor Holland geübt hatten. „Ich bin schon fortgeschritten, Herr Joeres", sagten diese Kinder dann am ersten Tag in den Bergen. „Wie häufig bist du denn schon gefahren?" „Zwei Nachmittage lang." Wenn diese Kinder dann doch bei den Anfängern landeten, waren sie zwangsläufig enttäuscht – sie sind darauf getrimmt, vorneweg zu fahren, die Eltern erwarten sie auf dem Siegertreppchen.

Auch die Schulen vermitteln häufig dieses Gefühl. Sie fordern Eltern auf, doch besser auf die Erledigung der Hausarbeiten zu achten, und sie schicken neuerdings per Mail Lehrpläne und Lernziele für das kommende Schuljahr mit, als müssten sie das selbst alles genau im Blick haben. Eltern werden als Co-Lehrer eingespannt, die sich für schlechte Noten verantwortlich fühlen müssen. Wieder einmal eine Rolle, die viele überfordert – und es nahezu unmöglich macht, sein eigenes Leben mit eigenen Zielen und Interessen weiter zu verfolgen.

Die Überforderung macht vor den Kindern keinen Halt. „Kinder sind wichtig für den Selbstwert der Eltern geworden", sagt die Mainzer Entwicklungspsychologin Inge Seiffge-Krenke. „Das hat schon eine narzisstische Komponente angenommen. Man möchte sich mit einem klugen und tüchtigen Kind schmücken." Seiffge-Krenke hat in einer Studie mit mehr als 15 000 Kindern aus 25 Ländern erforscht, was Heranwachsende heute belastet. Die größte Sorge der Kinder: der Leistungsdruck der Eltern. In der Schule und in der Freizeit erwarten sie beste Ergebnisse. Und auch wenn deutsche Kinder sich durch ein insgesamt gutes, also meist angstfreies Verhältnis zu ihren Eltern auswiesen, so fand die Psychologin doch verschiedene psychosomatische Befunde für sehr auffällig: Beispielsweise gaben viele Jugendliche, besonders Mädchen, an, „erschöpft" zu sein und „Magen- und Kreislaufprobleme" zu haben.

Franzosen leben natürlich in derselben kapitalistischen Welt, und auch sie haben gelernt, andere als Konkurrenten anzusehen, und auch sie haben Angst, dass es ihr Kind einmal schlechter haben könnte als sie selbst. Aber die staatlichen Schulen und Betreuungen nehmen einen so großen Raum ein, dass französische Familien viel weniger dazu kommen, Nachhilfe zu bezahlen oder nachmittags selbst stundenlang über unregelmäßigen englischen Verben zu brüten oder darüber, was denn die Ägypter in ihren Pyramiden verbuddelt haben. Es sind die Lehrer selbst, die am Nachmittag in der Schule aufpassen, dass die Arbeiten erledigt werden. Schwache Schüler erhalten während der Betreuungszeit am Nachmittag extra Hilfe von ihrem Klassenlehrer. Schon die staatliche Losung „liberté, egalité, fraternité" über jedem Schuleingang bedeutet: Hier beginnt das offizielle, staatliche Gebiet, das Land nimmt seine kleinen Bürgerinnen und Bürger unter seine Obhut. „Wir haben für unsere Schüler die Verantwortung", sagt Maries Mann Philippe. Er unterrichtet Mathematik für Elf- bis Fünfzehnjährige. „Ich habe fünf Jahre studiert, um zu unterrichten. Und uns wurde beigebracht: Wir sind für die Leistungen und das Wohlbefinden unserer Schüler verantwortlich. Für die Eltern bedeutet dies aber auch, einen großen Teil ihrer Verantwortung abzugeben." Bestimmt keine leichte Aufgabe. Aber sehr entlastend, wenn Eltern der Schule so viel zutrauen, wie ich es bei meinen französischen Freunden gesehen habe. Selbst wenn sie einen Lehrer als „unfähig" betiteln, haben sie nicht das Gefühl, dagegen anarbeiten zu müssen. Und sie können es auch gar nicht, weil ihre Kinder erst am späten Nachmittag nach Hause kommen.

Erst zum Abitur hin nimmt dann in Frankreich der Druck zu, seinem Kind zu einem guten Abschluss zu verhelfen und es auf eine gute Universität schicken zu können. Zu diesem Zeitpunkt wendet sich das Blatt – Deutschland hat bislang noch aus Elternsicht den Vorteil, sehr viele gleichwertige Hochschulen zu besitzen, so ist der Studienort bislang noch keine folgenschwere Entscheidung, die Eltern Kopfzerbrechen bereitet. Bis dahin aber, bis in die Teenagerzeit, verlassen sich französische Familien mit gutem Gewissen auf die Kita und ihre Schulen.

Die entspannte Geburt

> *„Ich möchte bei der Geburt nicht leiden.*
> *Natürlich möchte ich ein Betäubungsmittel."*
> Julie, 29 Jahre, Mutter einer Tochter

Eine Geburt ist wohl für jede Frau ein dramatisches Ereignis, der theatralische Höhepunkt eines mitunter lange gehegten Kinderwunsches und von neun Monaten als kugelige Doppelperson. Und doch sind die Erlebnisse meiner deutschen und französischen Freundinnen wieder unvergleichlich anders.

Bei der Geburt von Fred in einem französischen Krankenhaus fühlte ich mich wie ein Rädchen in einer großen Maschinerie, an dem Ärzte und Hebammen nach Lust und Laune herumdrehten. Weil ich Diabetikerin bin, sollte die Geburt einige Tage vor dem errechneten Termin eingeleitet werden. Um 15 Uhr sollten wir in die Klinik kommen, um 19 Uhr saßen wir immer noch ratlos in unserem Zimmer herum. Niemand konnte uns sagen, wann es denn losgehen sollte und warum wir überhaupt schon da waren. Um 19.30 Uhr rannte Hans panisch zur Pizzeria gegenüber – weil wir seine Mahlzeit nicht angemeldet hatten, konnte er auf der Station nichts essen. Angesichts einer uns bevorstehenden mitternächtlichen – so dachten wir zumindest – Geburt hatten wir schon Angst, Hans und nicht ich würde im Kreißsaal einen Unterzucker erleiden. Um 21 Uhr wurden wir auf die Geburtsstation gebracht, vor dem Wehenmittel sollte noch einmal der letzte Ultraschall stattfinden. Der Arzt betrachtete Fred auf seinem Bildschirm und befand ihn schließlich für zu groß, um auf natürlichem Wege geboren zu werden.

Um 23 Uhr entschied er sich nach Rücksprache mit seinem Chef dafür, uns einen Kaiserschnitt aufzuerlegen. Natürlich sei es unsere Entscheidung, sagte der junge Mann, aber: „Ihr Kind kann bei einer natürlichen Geburt schlimme Behinderungen davontragen." Nach dieser Ansage fühlten wir uns nicht mehr frei zu entscheiden, wir stimmten dem Kaiserschnitt am nächsten Morgen notgedrungen zu. Um ein Uhr in der Nacht waren wir wieder auf meinem Zimmer. Immerhin erhielt Hans eine Pritsche, aber wir machten beide kaum ein Auge zu.

Am nächsten Tag dann wurde ich um 9 Uhr in den Operationssaal geschoben, um 9.27 Uhr kam Fred gesund und perfekt zur Welt. Der Kaiserschnitt war dank einer sehr einfühlsamen Anästhesistin, die mir jeden Schritt erklärte, eigentlich ganz gut verlaufen. Hans konnte mit Fred schon im Nebenraum kuscheln, und ich durfte ihn mir nach einem halbstündigen Vernähen endlich auf den Bauch legen. Aber wahrscheinlich war selten jemand so weit von einer natürlichen Geburt entfernt wie ich an jenem heißen Septembertag 2012.

Eine Geburt in Frankreich ist für mich sehr ambivalent. Ich finde die abgeklärte und unaufgeregte Haltung der Französinnen irgendwie entspannend. Aber zugleich beneide ich meine deutschen Freundinnen darum, besser wählen zu können, wie sie entbinden wollen, mit den Geburtshäusern haben sie viel mehr Optionen als Französinnen. Schon lange streiten französische Hebammen für Geburtshäuser, in denen Frauen ihre Kinder bekommen, ohne sich als Kranke fühlen zu müssen. Ein erster Testbau soll bald in Paris eröffnen, aber die von deutschen Müttern so geschätzten, familienfreundlichen Häuser haben in ganz Frankreich eine jahrzehntelange Verspätung.

Der Mann meiner Freundin Ella arbeitet als Oberarzt auf einer Geburtsstation in Süddeutschland. „Die Wünsche werden immer ausgefeilter", erzählt uns Deniz. Die beiden haben uns mit ihren zwei Töchtern in den Sommerferien in Frankreich besucht, und mit den mehr als 1000 Kilometern Abstand zu seiner Klinik schienen ihm die langen Wunschlisten seiner Patientinnen immer ungewöhnlicher zu sein. Deniz hat in seinem Leben schon rund 6000 Kinder zur Welt gebracht, zuerst in Istanbul, inzwischen in einem eher anthroposophisch ausgerichteten deutschen Krankenhaus. „Ich kenne beide Seiten – die sehr medizinisch ausgerichteten Geburten in der Türkei, bei denen die oberste Priorität ist, das Kind möglichst schnell und dadurch gefahrloser auf die Welt zu bringen. Und die anthroposophisch ausgerichtete Geburtsstation, auf der ich jetzt arbeite. Es ist ein himmelweiter Unterschied – und beide Seiten haben ihre guten Aspekte."

Deniz hat nicht nur auf einer der besten türkischen Universitäten in Istanbul studiert, sondern musste in Deutschland sogar noch einmal den Facharzt mit seinen theoretischen und praktischen Prüfungen nachholen: Das deutsche System hat seinen Abschluss, seine jahrelange Erfahrung und die vielen tausend Geburten, die er in Istanbul betreute, einfach ignoriert und den Arzt wie einen Studenten behandelt. So hat Deniz in beiden Ländern alles durchlebt und gelernt.

Seine Schilderungen aus Istanbul erinnern mich sehr an Frankreich – auch am Bosporus soll alles möglichst effizient und schnell gehen. Eine Geburt ist keine Sache, über die sich die Frauen allzu viele Gedanken machen. In Deutschland nun erlebt Deniz die ganze Wucht der deutschen Sorge und auch Hingabe an das Kind. In seine anthroposophische Klinik kommen vor allem ältere Frauen, die mit Ende dreißig oder Anfang vierzig ihr erstes Kind erwarten und ganz genaue Vorstellungen davon haben, wie sie gebären wollen. „Die Frauen denken viel nach, sehr viel. Sie wollen exakt 25 Grad im Raum haben, sie wünschen eine bestimmte Lichtintensität im Kreißsaal. Sie möchten einen speziellen Tee trinken, Mozart-Sonaten hören und ihre Partner in einem gewissen Abstand zu sich oder auch gar nicht im selben Raum platzieren. Sie wollen Edelsteine auf dem Bett drapieren. Es ist eine minutiös geplante Geburt – und manchmal sind sie frustriert, wenn es nicht genauso ablaufen kann, wie sie wollen. Etwa, wenn eine Frau nach drei Kaiserschnitten das vierte Mal natürlich entbinden will – das ist nahezu unmöglich. Die dünne Haut an den Narben des Kaiserschnitts stellt für die Kontraktionen ein enormes medizinisches Risiko dar. Aber diese Frauen sind trotzdem sehr enttäuscht, wenn es auf einen Kaiserschnitt hinausläuft."

Manche Frauen haben inzwischen ganz besondere Wünsche: Sie wollen eine Lotusgeburt. Dabei wird das Neugeborene nicht von der Nabelschnur getrennt, und Mutter und Ärzte warten, bis die Nabelschnur nach ein bis drei Tagen von selbst abfällt. Befürworter glauben, die Babys würden dadurch weniger traumatisiert als durch die übliche „brutale Trennung" bei der Geburt und würden durch die Plazenta in den ersten Tagen optimal versorgt werden. Kritiker fürchten, das Baby könne sich durch die offen liegende Plazenta infizieren.

Manche Mütter haben zudem noch eine zusätzliche Vision: Sie wollen selbst ein Stück von der Plazenta, ihrem durchbluteten Mutterkuchen, essen und sich auf diese Weise mit ihrem Kind verbinden. „Für viele Frauen ist die Geburt existenziell, sie ist eine der wichtigsten Erfahrungen in ihrem Leben. Daher möchte ich sie auch darin ernst nehmen."

Der einst überzeugte Schulmediziner Deniz hat die besonderen Geburtsformen in Deutschland schätzen gelernt – auch wenn er glaubt, dass sich die Mütter viel zu viele Gedanken machen würden. „Alle wissen, dass es eigentlich eine sehr natürliche Sache ist. Es wäre schön für sie, sich zu lösen und es einfach passieren zu lassen. Aber dafür sind deutsche Frauen zu verkopft."

Deniz kann sozusagen in der Wiege der Gesellschaft beobachten, wie wir uns auf Kinder vorbereiten. Denn wie Frauen gebären, ist immer auch ein Spiegel unserer Zeit. „Eine Geburt ist ein soziales Phänomen", sagen Soziologen dazu. Die Geburt sei eine „den ganzen Menschen betreffende bio-physio-soziale, außeralltäglich sakrale Erfahrung der Selbsttranszendenz". Wow. Von dieser „Selbsttranszendenz" ist in Frankreich wenig zu spüren. Mit dem Vokabular der Wissenschaftler ließe sich das Ziel der französischen Geburten sicherlich kühl als eine „Organisation reibungsloser Abläufe" beschreiben.

Ich hätte mir also eine natürlichere Entbindung, etwa in einem Geburtshaus, wirklich gewünscht. Dort haben Frauen mehr Kontrolle über ihren Körper, sie bestimmen selbst, wie die Geburt ablaufen kann, sie ermächtigen sich, selbst zu entscheiden, wie sie diese große Erfahrung machen wollen. „Mein Bauch gehört mir", proklamierten Feministinnen vor einigen Jahrzehnten, und Deniz' Haus und alle anderen Geburtshäuser in Deutschland beachten dies sicherlich besser als die französischen Kliniken.

Aber die neue deutsche Natürlichkeit birgt auch einige Schattenseiten. Denn wenn uns der Bauch gehört, ist es auch in unserer Verantwortung, das Beste daraus zu machen. Dann wird die Geburt zu einem komplizierten mathematischen Konstrukt, es müssen Raumtemperaturen, Zwischenmahlzeiten und Musikeinspielungen berechnet werden, um die perfekte Entbindung hinzulegen. „Wenn schon Kind, dann geplant, gescreent, beobachtet und den 3-D-Ultraschall ins Wohnzimmer gehängt", sagt eine Soziologin. Denn wieder einmal wird der gesellschaftliche Anspruch an die Frau, und damit auch der Anspruch an sich selbst, enorm hochgeschraubt. Die Rituale der natürlichen Geburt werden zu einem „impliziten Imperativ" verbunden, „sein Leben und damit auch die Geburt projektförmig zu strukturieren". Einige Freundinnen von mir, die gegen ihren Willen einen Kaiserschnitt hatten, waren noch Monate später enttäuscht. „Ich hatte irgendwie das Gefühl, versagt zu haben, es nicht geschafft zu haben, mein Kind auf dem besten, also natürlichem Wege auf die Welt zu bringen. Schon den Eintritt meines Babys in sein Leben hatte ich nicht gemeistert", sagte eine Freundin von mir, die vor der Geburt spezielle Atemtechniken einstudiert hatte. „Noch heute sorge ich mich darum, ob mein Sohn nicht traumatisiert ist."

Ein Schuldgefühl hat sich auch bei mir eingeschlichen, weil ich es nicht zu der sozial erwünschten, also natürlichen Geburt mit möglichst wenigen Eingriffen geschafft habe. Schon in den ersten Stunden erwarten wir deutschen Mütter, perfekt zu sein. Perfekt zu sein heißt in Frankreich, ein gesundes Kind zu gebären, nicht zu rauchen oder das Kind sonst irgendwie mutwillig zu gefährden. Perfekt zu sein heißt in Deutschland, alles Menschenmögliche getan zu haben und sich dabei möglichst wenig helfen zu lassen.

Einige Freundinnen haben erst dann das Gefühl, alles für ihr Kind gegeben zu haben, wenn sie auch leiden. Die Periduralanästhesie, also die Spritze zur Betäubung des Unterleibes, ist in Deutschland viel umstrittener als in Frankreich.

Manche Hebammen verlangen von ihren Schützlingen geradezu, das Leiden auf sich zu nehmen. Als Ella seit elf Stunden mit ihrer ersten Tochter in den Wehen lag, wollte sie unbedingt eine PDA. „Ich muss mich jetzt ausruhen", sagte sie zu der Hebamme. „Jetzt ist nicht der Zeitpunkt dazu, strengen sie sich noch ein wenig an", erwiderte sie.

Französinnen und ihre Hebammen entscheiden sich leichtherzig für das Narkotikum. „Ich wollte nicht leiden, deswegen habe ich die PDA genommen", sagte meine französische Freundin Julie einmal umstandslos. Wie sie denken achtzig Prozent der Französinnen – und nur knapp zwanzig Prozent der deutschen Frauen.

Ich kann die medizinische Wirkung der „Periduralanästhesie", also die Ruhigstellung einiger Nervenpartien, nicht umfassend beurteilen. Aber der Unterton, mit dem deutsche Schwangere über diese Spritze in eine Wirbelsäulenkammer diskutieren, ist eindeutig: Hier geht es wieder darum, eine besonders gute, das heißt aufopferungsvolle Mutter zu sein.

Der Wunsch nach Natürlichkeit impliziert, „natürlich" zu leiden. Dabei bleibt dieses Anliegen sehr ambivalent: Denn obwohl viele Frauen eine natürliche, das heißt nicht durch chemische oder physische Mittel beeinflusste Geburt möchten, scheinen sie die Entbindung wie die Generation ihrer Mütter als ein potenzielles medizinisches Risiko einzuschätzen: Nur rund zwei Prozent der Schwangeren möchte zu Hause gebären. „Werdende Eltern bringen heute ein wesentlich gesteigertes Sicherheits- und Kontrollbedürfnis mit", heißt es in dem Aufsatz *Magie und Technik* der beiden Soziologinnen Ina Schmiedt-Knittel und Lotte Rose. Da sind sich Französinnen und Deutsche dann wieder einig: Beide nutzen Nackenfaltenmessung, 3-D-Ultraschall, Fruchtwasseruntersuchungen und den Herzton-Wehenschreiber gleichermaßen. Wir wollen es natürlich, aber wir wollen uns gleichzeitig hochmedizinisch absichern.

Aber wie sollten wir uns auch dagegen entscheiden? Schwangere werden von Ärzten als medizinisches Risiko eingestuft. Die vielen Vorsorgeuntersuchungen suggerieren: Wir müssen überprüfen, ob da drinnen im Bauch überhaupt alles nach Plan läuft. Sobald etwas nicht zu den Gewichtskurven oder idealen Ultraschallbildern passt, ist die Schwangere sofort als „Risikofall" gebrandmarkt. Allerdings geht in Frankreich die pathologische Schublade wesentlich langsamer auf: Hier werden nur zwanzig Prozent aller Schwangerschaften als risikoreich eingestuft. In Deutschland sind es 75 Prozent: Drei von vier Schwangeren hören von ihrem Arzt, dass sie über neun Monate hinweg besonders beobachtet werden müssen, um das Kind nicht zu gefährden. Eine überraschend hohe Zahl, amtlich bestätigt in einer Studie von zwei Wissenschaftlerinnen. Sie haben sich die Mutterpässe Tausender schleswig-holsteinischer Frauen angeguckt – bei 74 Prozent wurden besondere Risiken vermerkt, die sich aus den Befunden der Schwangerschaft oder schon aus der familiären Vorgeschichte ergeben. Allerdings scheint es auch schwer zu sein, *nicht* in eine der pathologischen Kategorien zu passen: Insgesamt drohen 52 verschiedene Schwangerschafts-Anomalien. Zum Beispiel unter 18 oder über 39 Jahren alt zu sein, bereits ein Kind über 3999 Gramm zur Welt gebracht oder schon eine Operation an der Gebärmutter oder an den Eierstöcken gehabt zu haben. Interessanterweise fanden die beiden Medizinerinnen in der Studie heraus, dass vor allem risikofreie Frauen die Vorsorgeuntersuchungen nutzen – während die wirklich gefährdeten Schwangeren nicht angemessen betreut würden.

Ein Indiz dafür, dass die häufige Sorge von deutschen Müttern, nicht alles perfekt vorbereitet und „alles für das Kind gemacht zu haben", sie zu den Wehenschreibern und Ultraschalluntersuchungen treibt – und nicht eine berechtigte, medizinische Sorge. Mir ging es im Nachbarland genauso. Einerseits wartete ich sehnsüchtig auf den nächsten Ultraschall, andererseits ging jedem Termin eine diffuse Angst voraus, es könne doch etwas Besorgniserregendes festgestellt werden. Die vielen Arztbesuche erschrecken und beruhigen uns gleichzeitig. Jetzt, in der zweiten Schwangerschaft, bin ich vielleicht da angelangt, wo Französinnen ohnehin beginnen: Ich mache mir weniger Sorgen und gehe seltener zum Arzt.

Die nackten Zahlen legen uns rational sowieso nahe, dem Körper zu vertrauen: Die natürliche Geburt ist unter den heutigen hygienische Umständen kaum mehr zu verbessern. Die fünf Vitalparamater („Apgar-Werte") haben sich nicht weiter optimiert: Die Neugeborenen atmen genauso regelmäßig, ihr Herz schlägt genauso häufig, ihre Körper sind ebenso kräftig, die Hautfarbe ebenso frisch und die Reflexe genauso ausgeprägt wie vor zwei Jahrzehnten.

Es geht hier also um eine individuelle Sorge, die uns von Medien und Ärzten suggeriert wird und die wir, als perfektionistische Mütter, in uns aufzusaugen scheinen.

Meine französischen Freundinnen durchleben ihre Schwangerschaft angstfreier. Sie essen häufiger – trotz dringender Listeriose-Warnung! – rohen Schafmilchkäse, sie joggen noch bis in den siebten Schwangerschaftsmonat und hoffen vor allem, die Geburt möglichst schmerzfrei und ohne Zange zu überstehen. Ich selbst habe wochenlang damit verbracht, über die PDA nachzudenken. Ich erinnere mich noch sehr genau, mit meiner Freundin Miriam hochschwanger bei uns auf der Terrasse gesessen und bei vielen Tassen koffeinfreiem Milchkaffee das Für und Wider abgewogen zu haben. Und wie so häufig drehte sich diese Diskussion vor allem um das Wohl des Kindes. Das Anästhetikum erreicht möglicherweise auch den Blutkreislauf meines Babys, hieß es, und auch, dass es länger als unbedingt nötig im Geburtskanal verbleiben würde, weil ich schlechter pressen könnte. Dass ich den Schmerz vielleicht nicht mehr ertragen kann, stand in keinem Ratgeber. Davon erzählten mir dann Freundinnen, die schon eine Entbindung hinter sich hatten. „Ich hatte bei der ersten Geburt das Gefühl, jemand würde mit einem Messer in meinem Bauch herumrühren", sagte eine Freundin zu mir, als Fred zum Glück schon geboren war. Wer mit Frauen spricht, die gerade erst geboren haben und noch nicht in der Verklärungsphase Jahre nach der Entbindung angekommen sind, hört Sätze wie diese: „Mir war, als würde mich jemand zerreißen, als sei ich nicht mehr eines, sondern in viele Körperteile zersplittert." Oder auch: „So etwas habe ich noch nie erlebt. Mir wurde schwarz vor Augen, ich habe meinen Mann nicht mehr wahrgenommen, nur noch diesen unglaublichen Druck. Ich habe gebrochen und in die Hose gemacht, ich war wie ein Tier."

Diese Freundinnen hätten sich vielleicht gewünscht, eine PDA zu bekommen. Aber sie hatten wie ich die letzten Schwangerschaftswochen über PDA-Ja-oder-Nein gegrübelt, als hinge davon das Leben unseres Kindes ab. Viele, viele Stunden habe ich damit verbracht – und als dann der Kaiserschnitt anstand, war die PDA selbstverständlich nur noch das kleinere Übel im Vergleich zur Vollnarkose. Meine

Freundin Johanna, die Psychologin, hat auch lange gegrübelt. Wenige Wochen vor der Entbindung therapierte sie noch höchstneurotische Patienten, aber gleichzeitig dachte sie abends lange darüber nach, ob sie diese lokale Narkose annehmen soll oder nicht. Das Gefühl, alles fürs Kind geben zu müssen, zermarterte sie und viele meiner Freundinnen. Ist es noch eine richtige Geburt, wenn ich im Unterleib weniger fühle? Muss ich diesen Moment des Schmerzes nicht durchstehen, als gute Mutter? Und was ist schon die Qual gegen das Glücksgefühl, Mutter zu werden?

„Mir fiel es unheimlich schwer, eine Entscheidung über die PDA zu treffen", sagte Johanna. Geholfen hat ihr dann eine Hebamme, die ihr Gewissen erleichtern konnte. „Sie sagte zu mir: ‚Sie haben schon einen Sohn. Wenn Sie nach der Geburt total fertig sind, ist das für ihn auch nicht gut.' Dieses Argument konnte ich akzeptieren. Es ist schon komisch, dass nur mein Sohn bei dieser Entscheidung zählte. So ist das bei uns – wir erlauben uns keine Schwäche." Keine Schwäche, ja, nicht einmal der Gedanke ans eigene Wohl scheint zugelassen zu sein.

Dabei sind es nicht irgendwelche Schmerzen bei der Geburt. Sie zählen zu den schlimmsten, die es gibt. Auf der internationalen „Schmerzskala" von eins (sehr geringe Schmerzen, die sich kaum bemerkbar machen) bis zehn rangiert die Geburt auf Platz zehn, verbunden mit der Definition: „Unerträgliche Schmerzen, diese können mit Aggressionen, Depressionen oder auch Selbstmordgedanken verbunden sein."

Französinnen nehmen die PDA hingegen als ein ganz normales Hilfsmittel wahr. „Wenn ich zum Zahnarzt gehe, lasse ich mir doch eine Spritze verpassen", meinte Julie. Zunächst war ich etwas erschrocken über ihren profanen Vergleich, den sie so leicht dahinsagte. Aber ich merkte, wie sie sich sehr wohl viele Gedanken um ihre Geburt machte, nur die PDA-Frage schien ihr nahezu selbstredend zu beantworten zu sein. Natürlich hatte sie auch einige genaue Vorstellungen für ihre Entbindung – ihr Partner sollte zum Beispiel nicht zwischen ihre Beine gucken. Sie befürchtete, er verliere jedes erotische Interesse an einer Frau, deren Geschlechtsorgane zu blutigen Wunden aufquellen. Aber das war ein Gedanke, bei dem sie an sich selbst dachte. Und vielleicht noch an ihren Partner. Nicht aber ausschließlich an das Kind.

In Frankreich hat der Arzt Fernand Lamaze schon in der ersten Hälfte des 20. Jahrhunderts, lange vor der PDA, die Mentalität in den Krankenhäusern beeinflusst. „Eine Geburt muss kein Höllentrip sein", lautete sein Mantra. Die künftigen Mütter und Väter sollten das Ereignis selbst in die Hand nehmen, sie sollten lernen, den Schmerz zu kontrollieren, war seine These. Lamaze hatte als überzeugter Kommunist in der Sowjetunion am Leningrader Pawlow-Institut gelernt – das den Westmächten in der Geburtslehre damals weit voraus war. Lamaze lehrte von da an seine Patientinnen in der gewerkschaftlichen Pariser Klinik Les Bluets, wie sie atmen und sich entspannen konnten und dass ein unerträglicher Schmerz nicht zur Geburt gehören muss. Er lehrte sie auch, die Geburt als ein Ereignis zu sehen, das Vater und Mutter teilen sollten und können. Arbeiterfamilien und Feministinnen feierten ihn, die Kirche und konservative Kreise versuchten, ihn zu diskreditieren. Vergeblich. Seine Methode wurde weltberühmt, noch heute existieren sogar in den USA Gruppen, die die Lamaz'schen Überzeugungen in seinem Namen lehren. Zu seiner Zeit gab es auch schon Schmerzmittel, aber die sedierten die werdenden Mütter meist so stark, dass sie wiederum nur passiv und kaum ansprechbar teilnahmen.

In Deutschland schwingt noch heute mit, was die Kirche den Frauen über Jahrhunderte einflüsterte. „Die Frau büßt mit den Qualen der Geburt die Erbsünde Evas, mit den Schmerzen bei seiner Geburt bezahlt das Kind für die tragische Willfährigkeit Adams", schreibt der Historiker Pierre Simon über eine kirchliche Doktrin. Es habe einen jahrtausendealten soziophysiologischen Kreislauf gegeben, der im Einklang mit der Bibel wollte, dass die Frau passiv und „in eklatanter Morbidität entbinde". Manche deutschen Mütter klingen unbewusst noch heute so. Sie sprechen davon, die Geburt „durchstehen" und eben „ein Opfer" bringen zu müssen. Nur ist dieses Opfer heute nicht mehr religiös, sondern mit dem Wunsch nach Natürlichkeit begründet.

Die Geburt ist also ein höchst gesellschaftlich beeinflusster Akt, auch wenn sie uns mit unserem wachsenden Bauch sehr intim erscheint. „Die gesamte Gemeinschaft trägt das Kind am Busen. Sie entscheidet, ob es erzeugt werden soll, ob es leben oder sterben soll, sie bestimmt seine Rolle und seine Zukunft. Und sie diktiert den Frauen die Kunstgriffe und Methoden beim Gebären des Kindes und das Ausmaß ihres Leidens dabei." Der französische Gynäkologe Pierre Simon schrieb dies in seinem Buch *De la vie avant toute chose*. Simon hat die Debatte um schmerzfreie und vor allem selbstbestimmte Geburten entscheidend geprägt, wie er überhaupt die Sexualität der Franzosen offenlegte. Er verfasste 1971 eine große Studie zum Sexualverhalten der Franzosen, die als „französischer Kinsey-Report" in die Geschichte einging. Auch weil seine Studienteilnehmer von illegalen, teilweise tödlich endenden Abtreibungen berichteten, legte die Frauenministerin Simone Veil 1975 das Recht auf Abtreibung der Nationalversammlung vor. Veil und Simon setzten sich dafür ein, Frauen über ihren Körper entscheiden zu lassen.

In unserer fünftausend Betten großen Klinik fühlte ich mich nicht sonderlich selbstbestimmt. Als Hans und ich ankamen, wurden wir von einer Pflegerin begrüßt, die von den Patientinnen nur der „Drachen" genannt wurde. Sie war sehr unfreundlich und nicht bereit, Fragen zu beantworten. Für meine zweite Geburt nehme ich mir schon jetzt vor, den Drachen selbstbewusster zu ignorieren. Diesmal werde ich ihn davon abhalten, unser Baby täglich von oben bis unten einzuseifen. Ich werde auch nicht auf den Drachen hören, wenn er wieder meint, unser Neugeborenes vor und nach dem Stillen wiegen zu müssen.

Aber an der Klinik werde ich nichts ändern können. Sie ist praktisch und ungemütlich. In den Kreißsälen gibt es häufig nicht einmal die Möglichkeit, das Licht zu dimmen, Gummibälle, riesige Badewannen und Hängeseile, die ich alle aus den Erzählungen meiner deutschen Freundinnen kannte, suchte ich hier vergeblich. Ich fühlte mich eher wie auf einer Intensivstation. Ärzte und Hebammen behandelten mich wie eine anzuleitende Patientin und nicht wie ein zu umhätschelndes Naturwunder.

Allerdings: Die Säuglingssterblichkeit, der wichtigste Parameter dafür, wie gut Babys während und direkt nach der Geburt behandelt werden, ist in Frankreich in den meisten europaweiten Statistiken etwas geringer als in Deutschland, in anderen ungefähr gleich hoch. In beiden Ländern überleben rund 3,5 von tausend Kindern nicht das erste Lebensjahr.

Die von mir gefühlten riesigen Unterschiede scheinen für die Babys nicht entscheidend zu sein. Wie als Beweis dafür, dass es letztendlich auf Hygiene und unumgängliche Kaiserschnitte in der Not ankommt, und weniger darauf, wie natürlich, klinisch oder stimmungsvoll eine Geburt ist.

Die klinische Dürre hat in Wahrheit auch etwas Befreiendes. Deutsche Frauen können wählen – aber nur vor dem Hintergrund, das Allerbeste für das Kind zu wollen, nicht an sich zu denken. Ich machte mir keine Sorgen darüber, ob ein Mozart-Lied zur Geburtsstunde das Herzchen besonders erfreuen könnte, ich musste mich nicht auf vier verschiedene Wartelisten in Geburtshäusern setzen lassen. Ich hatte ohnehin keine Wahl. Die Kliniken in meinem Umland wären auch überrascht, Frauen aufzunehmen, die von weit anreisen. Meine französischen Freundinnen sind alle in die nächstliegende Klinik gegangen oder in diejenige, in der auch ihre Frauenärztin entbindet. Und viele machen die Erfahrung: Vormals so bedeutende Details wie Lichtfarbe, Füllung des Stillkissens und Anzahl der Hebammen werden irgendwann, so etwa zwei Wochen nach der Geburt, allmählich verblassen und ob des neuen Geschöpfes im Hause ziemlich unwichtig werden. Plötzlich zählt nur noch, ob das Kleine endlich schläft und regelmäßig isst, alles andere ist unwichtig.

Und ich behaupte: Wer mehr Kinder bekommt, dem erscheint auch die Geburt nebensächlicher. Viele Freundinnen, die zur ersten Entbindung noch in ein Geburtshaus gingen, wollten die zweite dann nur noch schnell in einem öffentlichen Krankenhaus in der Nähe hinter sich bringen. Und wer, wie viele Französinnen, drei oder vier Mal im Kreißsaal landet, der denkt weniger über das optimale Setting nach. „Ich wollte nur, dass mein Kind gesund zur Welt kommt und dass ich nicht zu viel leide", sagte Marie. „Ich habe aber auch den Ärzten vertraut – und meinem Körper, dass alles gut gehen wird."

Auch nach der Geburt werden Französinnen so behandelt, als seien sie umgehend wieder gesund. Pragmatisch werden wir wieder fit gemacht. Das gilt auch für den Beckenboden. Bei vielen Frauen ist er nach der Geburt oder sogar schon in der Schwangerschaft ausgeleiert und abgesenkt, er kann nicht Gebärmutter und Blase hoch oben an ihrem Platz halten. Das führt dann dazu, beim Niesen, Husten und heftigem Lachen plötzlich in die Hose zu machen.

Dagegen gibt es beiderseits des Rheins spezielle Rückbildungskurse. „Wir saßen zu acht bei Meeresrauschen-Musik in einem Halbkreis und trugen Jogginghosen. Wir erzählten erst einzeln von unseren Geburten, immer wieder vom Schreien unserer Babys gestört. Die Leiterin machte eine Phantasiereise mit uns, so gut es eben ging. An einer Plastikpuppe zeigte sie dann, wo der Beckenboden sitzt. Dann versuchten wir alle, ihn anzuspannen. ‚Wenn ihr ihn nicht sofort findet, macht das gar nichts', sagte sie uns. Ich wusste nach der dritten Stunde immer noch nicht, was ich wo anspannen sollte, und überhaupt musste mein Kleiner ständig gestillt werden. Es war aber trotzdem nett in der Gruppe", erzählte mir eine Freundin am Telefon, bevor ich mit einer nagelneuen Gymnastikmatte unter dem Arm zu meiner ersten Rückbildungsstunde bei meiner Hebamme Laurence ging. Ich war schon etwas skeptisch, dass ich offenbar die einzige Teilnehmerin ihres Kurses war. „Non non, nur wir beide werden trainieren", hatte Laurence am Telefon gesagt.

In ihrer kleinen Praxis kam ich gar nicht erst dazu, meinen kleinen Teppich auszurollen. Fred wurde in einen Wipper gesetzt, und obwohl er es zuhause nicht eine Sekunde darin aushielt, blieb er seltsamerweise zufrieden dort sitzen. „Bitte leg dich auf die Liege und mach dich unten frei", sagte Laurence. „Äh, wofür denn?" „Na, ich muss doch fühlen, ob du deinen Muskel auch anspannst."

Ich war schockiert, aber was sollte ich tun? Laurence sprach mir aufmunternd zu, zog sich einen Handschuh über, tastete meinen Beckenboden mit ihrem Zeigefinger ab und befand ihn für ganz in Ordnung. Dann begann ein Fitnesstraining für diesen kleinen, unsichtbaren Muskel, bei dem ich mich furchtbar konzentrieren musste. Ich sollte ihn in Wellen bewegen, wie einen Ring um einen Flaschenhals anspannen, nach oben und nach unten ziehen, anspannen, halten, entspannen. Eine halbe Stunde kniete Laurence vor mir auf der Liege, tastete in mir herum und gab mir freundlich Anweisungen. In der Zwischenzeit war Fred eingeduselt.

Das Ganze wiederholte sich noch zehn Mal, auf Kosten der Krankenkasse. „Mit blinder Gymnastik ist der Boden nicht wieder hinzukriegen", sagte Laurence erstaunt über meinen deutschen Vergleich. „Und ihr seid wirklich zu zehnt in einem Kurs? Und die Leiterin fühlt nicht nach?" Das Erstaunen ist aber auch ganz auf deutscher Seite. „Die fuhrwerkt dir mit dem Finger untenrum? Du musst dich ausziehen? Dein Kind ist in einer Wippe angeschnallt?", fragten meine Freundinnen. Ja. Und nach anfänglichem Zögern fand ich es richtig. Während der Schwangerschaft werden wir ja auch von oben bis unten betatscht, es wird gefühlt und getastet, als gäbe es keine Scham mehr. Nach der Geburt drücken Krankenschwestern an den Brüsten herum oder inspizieren Narben an den Schamlippen. Aber dann, wenn das Kind einmal da und gut versorgt ist, hört es plötzlich auf. Die Mütter sollen sich ihren bis dato unbekannten Muskel im Geiste vorstellen, und wenn es nicht klappt, haben sie einfach Pech gehabt. Die Isomattenkurse sind bestimmt angenehm, aber ich kenne viele Frauen, die schon nach einem Kind inkontinent wurden, eben weil der Beckenboden auch nach zehn Stunden Phantasiereisen schlapp herunterhing.

In Frankreich aber endet die Schwangerschaft mit all ihren Nachwehen so sachlich, wie sie begonnen hat. Dafür aber mit einem starken Beckenboden.

Die sorglose Betreuung

„Um ein Kind glücklich groß werden zu lassen, braucht es Dutzende Personen."

Marlène Schiappa, Vorsitzende des französischen Vereins „Maman travaille" („Mutter arbeitet")

„Wie alt ist denn Ihr Sohn?", fragte mich die Leiterin der Kita in unserer Stadt, als ich im dritten Schwangerschaftsmonat bei ihr auftauchte, um Fred rechtzeitig anzumelden. Mein Bauch wölbte sich längst noch nicht, Fred war mir noch nicht anzusehen. „Er wird erst in sechs Monaten geboren", antwortete ich. Die Leiterin lachte herzlich. „Na, Sie sind ja eine ganz Schnelle." So früh sein Kind anzumelden, ist in Frankreich nicht üblich. Sich schon bei der Empfängnis um die Betreuung zu sorgen, auch nicht. Jede Stadt geht selbstverständlich davon aus, dass die in ihr geborenen Kinder auch betreut werden müssen, und so hat fast jedes Dorf eine eigene Krippe und zusätzlich ein großes Netz an staatlich geprüften Tagesmüttern. Hat die Kita zu wenige Plätze, was gerade in Großstädten auch häufiger vorkommt, melden Eltern ihre Kinder bei Tagesmüttern an. Die Adresse bekommen sie von einer städtischen Beratung, die uns mit einer Liste von Tagesmüttern und der Telefonnummer unserer Kita versorgte.

In Frankreich stellt sich nicht die Frage, ob wir unseren Sohn betreuen lassen können, sondern eher, wie lange und von wem. „Nimmst du acht Stunden am Tag oder mehr? Willst du eine Tagesmutter oder besser eine Kita?", fragte mich Céline. Ich fühlte mich reich beschenkt. Die ganz freie

Wahl hatten wir dann aber leider doch nicht: Weil unsere kleine Stadt gerade rasant wuchs, wurden auch hier die Kitaplätze rar. So ging Fred für sieben Monate zu einer Tagesmutter in unserer Wohnstraße und dann erst mit einem Jahr in die Kita. Zuerst fanden wir es ohnehin ideal, ihn als viermonatiges Würmchen zu einer einzigen Bezugsperson zu geben. Das kam uns menschlicher vor, als ihn in einer großen Gruppe zu sehen. Wir trafen uns mit drei „Nounous", die wir zu Fuß erreichen konnten. Die eine schreckte uns ab, weil auf ihrer Terrasse Aschenbecher mit Dutzenden Zigarettenstummeln standen – sie seien von ihren Söhnen, sagte Madame, aber irgendwie verleidete uns der Anblick ihren ansonsten netten Empfang. Die zweite hatte gerade ihre Ausbildung fertig und schien uns mit auswendig gelernten Sätzen zu antworten, das war uns unheimlich. Für die dritte entschieden wir uns schließlich, sie hatte noch drei weitere kleine Kinder und war sehr herzlich und ein eher großmütterlicher Typ. Sie kochte selbst und fand, dass die industriellen Babygläschen „stinken" würden, das gefiel uns schon einmal. In ihrem Garten hielt sie Gänse und versprach, mit den Kleinen häufig spazieren zu gehen.

Aber später waren wir doch sehr froh, in die Kita wechseln zu können. Die Nounou, wie Tagesmütter auf Französisch heißen, war zwar tatsächlich sehr herzlich und lieb zu Fred. Erschrocken stellte ich aber fest, dass sie die Kinder bei Regenwetter immer mal wieder vor den Fernseher setzte. Zwar ist es den Nounous offiziell verboten, Kinder unter einem Jahr vor die Flimmerkiste zu hocken, aber unsere löste dieses Dilemma, indem sie Fred in seinem Sitz umdrehte und die älteren Kinder Zeichentrickfilme gucken ließ. Wir waren sehr unglücklich damit. Eine staatliche Aufsicht, so empfanden wir damals, ist für uns die bessere Variante. Selbst wenn eine Erzieherin in der Kita mal nicht so toll sein sollte, gibt es immer noch andere, die das ausgleichen können. Und einen Fernseher haben die öffentlichen Kitas natürlich ohnehin nie.

Französische Eltern haben wie deutsche ganz unterschiedliche Vorlieben für Nounous oder die „crèche". Julie konnte sich nicht zwischen einer Tagesmutter und dem Kitaplatz entscheiden. Die Kita in ihrem Dorf war gerade neu gebaut und hübsch ausgestattet, die Nounous waren ebenso sympathisch wie nah zu ihrem Haus. Die Finanzanalystin hat sich dann für eine Nounou entschieden, die in ihrem Garten Hasen hielt. Julie erinnerten die Tiere an ihre eigene Kindheit, beim ersten Treffen konnte sie Möhren verfüttern. „Wir hatten tatsächlich die Qual der Wahl", sagt sie. Ärztin Mathilde gibt ihren Sohn direkt in der Klinik in der Betriebs-Kita ab – wie auch immer ihre Arbeitszeiten sind. Viele größere Betriebe, Krankenhäuser und Universitäten halten wie selbstverständlich eigene Kindergruppen für ihre Angestellten. „Tom und ich gehen gemeinsam aus dem Haus, und wenn ich wegen eines Notfalles noch länger arbeiten muss, gehe ich bei der Kita vorbei und sage Bescheid", sagt Mathilde.

Hans und ich entschlossen uns schließlich, Fred an vier Tagen von 8.30 Uhr bis 17.30 Uhr betreuen zu lassen. Eine Zeitspanne, die viele Deutsche erschreckt. „Huch, das ist aber lange", sagen meine Freundinnen, „er ist doch noch so klein." Sie versuchen, vor mir ihr Bestürzung zu verbergen, weil sie eigentlich auch für eine Betreuung sind und wissen, wie gerne ich arbeite. Aber ich kann ihnen ansehen: In Deutschland ist es noch immer verpönt, ein Kind so lange in der Kita zu lassen, wie es eigentlich jede durchschnittliche

Arbeitnehmerin benötigt. Einige sagten auch: „Ich könnte das nicht!" Ein Satz der impliziert: „Wieso kannst du das? Fühlst du dich nicht seltsam damit? Vermisst du deinen Sohn denn gar nicht?"

Doch, ich vermisse ihn häufiger mal am Tag. Wenn ich mittags auf die Uhr gucke, stelle ich mir vor, wie Fred gerade seine Vorspeise isst, um 14 Uhr, wie er in seinem Bettchen schläft, und um 16 Uhr, womit er wohl gerade spielt. Aber wenn ich um kurz nach 17 Uhr mit dem Fahrrad zur Kita fahre, hatten wir beide einen sehr erfüllten Tag hinter uns. Ich habe neben meinem Schreiben manchmal noch joggen oder ein paar Tomatenpflanzen setzen können, er konnte mit Gleichaltrigen spielen. Wie gerne Fred in die Kita geht, ist für jeden sichtbar, wenn er morgens von meinem Arm direkt in die Bauecke oder auf die Rutsche rennt. Am Anfang hatte ich noch befürchtet, wir könnten ihm fremd werden und er sich mehr an die Erzieherinnen wenden als an uns. Aber dem ist zum Glück nicht so. Wenn wir ihn abholen, rennt er uns freudig entgegen, und wir fühlen uns ihm sehr nahe. Inzwischen, so sagt Hans, „zahlen wir auch dafür, damit Fred einen schönen Tag zum Spielen hat."

Natürlich hatten Hans und ich am Anfang große Bedenken, ihn bis in den frühen Abend betreuen zu lassen. Halbe Tage zu arbeiten, wie so viele Frauen in Deutschland, kam für mich aber nicht in Frage – die meisten Redaktionen können noch am späten Nachmittag Texte annehmen, damit sie möglichst aktuell geschrieben sind. Eine Analyse über die Pariser Präsidentschaftswahlen oder die Flüchtlingsdramen am Mittelmeer lassen sich schlecht am späten Vormittag abgeben. So hatten wir keine Wahl – Fred musste entweder bis mindestens 17.30 Uhr betreut werden, oder ich oder Hans hätten zuhause bleiben und unseren Beruf mindestens teilweise an den Nagel hängen müssen. In Deutschland wäre es wohl auf Letzteres hinausgelaufen, denn die wenigsten Kitas haben so lange geöffnet.

Für Französinnen und Franzosen ist das undenkbar. Sie jammern sogar häufig, wenn die Kita schon um 18.30 oder 19 Uhr schließt. Viele haben sogar noch längere Öffnungszeiten. Die beiden Kinder von meiner Freundin Juliette in Paris gehen in eine staatliche „crèche", die von morgens um 5 bis abends um 22 Uhr geöffnet hat, von Montag bis Samstag. Juliette entwickelt in ihrem Beruf eine Stunde außerhalb von Paris einen philosophischen Stadtpark, sie lädt Schulklassen und Künstlergruppen ein und muss mal morgens und mal abends und auch mal am Wochenende arbeiten. So ist ihre Tochter an einem Tag von 14 bis 22 Uhr und am nächsten wiederum von 8 bis 17 Uhr in der Kita. Es genügt, wenn sie den Erzieherinnen einen Tag vorher die Zeiten für den folgenden mitteilt. „Das ist ja superflexibel, unglaublich", sagte ich zu Juliette. „Und die Kinder machen das mit?" „Ich versuche schon, dass sie möglichst regelmäßige Zeiten haben. Aber meine beiden Kleinen freuen sich, wenn ich auch mal morgens mit ihnen ins Schwimmbad gehen kann, für sie hat das Flexible auch gute Seiten."

Franzosen sind davon überzeugt, dass ihr Kind in der Kita „sozialisiert" wird, dass sie ein erster Schritt in die Gesellschaft ist, hin zu einem Leben in der Gemeinschaft. Für Frauen, die gerne ausschließlich bei ihrem Kind bleiben wollen, ist es daher sehr schwer. Lise ist Logopädin und hat seit der Geburt ihrer Tochter ihren Arbeitsbeginn immer mal wieder hinausgezögert. Zuerst wollte sie sechs Monate zuhause bleiben, dann ein Jahr, inzwischen sind es zwei Jahre. Lise ist unglaublich aktiv, sie organisiert Treffen von bilingualen Kindern, hat einen Club für Mütter von Frühchen ins Leben gerufen – obwohl ihre Tochter wunschgenau zur Welt kam – und spielt in einem Orchester Geige. Ihre Tochter ist immer mit dabei. Ich glaube, sie sieht schon mit Bangen dem Kindergarten entgegen. In der ersten Zeit hatten Freunde und Familie noch Verständnis und sagten zu ihr, sie solle die Zeit genießen. „Jetzt werfen mir die Leute mehr oder weniger unverhohlen vor, zu sehr um mein Kind zu kreisen und es egoistisch an mich zu binden. Das nervt mich sehr."

Es wäre schön, wenn Frankreich und Deutschland voneinander lernen könnten – und den Frauen, so wie es auch Badinter fordert, wirklich die freie Wahl lassen würden. In Frankreich haben arbeitende Frauen eindeutig den besseren Stand. Die Betreuung von Kleinkindern ist ein fester gesellschaftlicher Konsens, die Diskussionen drehen sich nur noch um Kleinigkeiten. So setzen sich konservative Parteien eher für die Subventionierung der Tagesmütter ein, weil dies ihrem Ideal entspricht, individuelle Lösungen für Familien zu finden. Die Sozialisten hingegen wollen mehr Kitaplätze, weil diese staatliche Einrichtung Kinder aus allen Schichten erreicht und mischt. Die Pariser Parlamentarier kennen das System schon aus eigener Erfahrung. Inzwischen sind die ersten französischen Kita-Generationen längst erwachsen – und sie können an sich selbst ablesen, dass sie zu emotional stabilen Erwachsenen mit einer guten Beziehung zu ihren Eltern herangewachsen sind. Diese Erfahrung fehlt den Berliner Abgeordneten. Diejenigen, die heute über Kitaplätze entscheiden, wurden selbst noch in den allermeisten Fällen mindestens bis zum Kindergarten ausschließlich von ihrer Mutter betreut. So wollen in Deutschland einige Konservative auch heute noch Frauen dafür belohnen, zuhause zu bleiben.

Meine deutschen Freundinnen haben häufig wahre Odysseen hinter sich, um ihr Kind anzumelden. „Ich war bei vierzig Kitas", erzählte Christine. Bis auf wenige Ausnahmen läuft das System völlig unorganisiert. Jede Familie kann sich überall eintragen lassen, und die Wartelisten sind auch willkürlich: Keine Kita ist verpflichtet, ihre Liste nach dem Zeitpunkt der Anmeldung abzuarbeiten. Manche entscheiden einfach nach Sympathie, andere behaupten, sie bräuchten mal wieder mehr Mädchen in ihrer Einrichtung, der dritten passen die gewünschten Betreuungszeiten für ein Kind nicht. Sie sind zu lang oder zu kurz, das Kind ist zu alt oder zu jung für die Gruppe, die Eltern wirken zu aufdringlich oder, im Gegenteil, desinteressiert: Wer einen Platz ergattert, hat häufig einfach Glück gehabt. Oder vielleicht bei der Anmeldung eine Jacke in der Lieblingsfarbe der Leiterin getragen, wie es Christine vermutete.

Für die Familien beginnt mit dem Wunsch nach Betreuung eine anstrengende Suche, die an Assessment-Center erinnert. „Ich habe mich jedes Mal freundlich vorgestellt, ich habe sofort erwähnt, dass ich flexibel arbeiten und unsere Wunschzeiten anpassen kann und dass ich mich gerne für Ausflüge oder Feiern bei den Einrichtungen einbringen möchte", sagte Christine. Als ihre Tochter Pauline geboren war, klapperte sie alle Kitas noch einmal ab. Sie zog sich einen neuen Pullover an und hoffte inständig, Pauline würde nicht so laut und untröstlich brüllen, wie sie es manchmal in den Wochen zuvor getan hatte. Nervös wie vor einem Vorstellungsgespräch klopfte sie an. „Es ist unangenehm, wie eine Bittstellerin aufzutreten – für eine Leistung, die wir auch noch teuer bezahlen. Aber wir haben ja keine Wahl."

Deutsche Eltern müssen sich regelrecht bei den Kitas bewerben, sie müssen um die wenigen spärlichen Plätze buhlen. „Ich war in der Elternzeit vor allem damit beschäftigt, mein Kind anständig unterzubringen", sagt Christine. „Auf meine Arbeit als Physiotherapeutin konnte ich mich kaum vorbereiten. Stattdessen klapperte ich mit Pauline im Tragetuch eine Krippe nach der anderen ab. Niemand konnte mir zusagen, und niemand sagte mir ab. Alles stand bis wenige Wochen vor meinem Arbeitsbeginn in den Sternen. Natürlich fragte ich mich immer wieder: Ist es das wert? Soll ich vielleicht doch länger zuhause bleiben?" Die ewige und unabsehbare Suche zermürbt viele Eltern, sie lässt sie an ihrem Entschluss zweifeln.

Die letzten Wochen vor dem Kitabeginn, dann, wenn sich die Eltern auch wieder auf ihren Beruf einstimmen müssen, sind häufig eine Zitterpartie. „Wir hatten bis Ende August noch keine Zusage für einen Platz, also haben wir einen Vertrag mit einer Tagesmutter abgeschlossen. Die kostete uns selbst mit den Zuschüssen des Jugendamtes 400 Euro im Monat, also doppelt so viel wie der Platz in einer Kita. Anfang September dann hatten wir plötzlich zwei Zusagen – weil sich alle Eltern so wie wir dutzendfach anmelden, herrschte ein unglaubliches Chaos. Uns kam das teuer zu stehen: Wir haben den Kitaplatz angenommen und mussten die Tagesmutter aber noch laut Kündigungsfrist drei Monate lang weiter bezahlen. Wegen der doppelten Buchung fielen auch noch die Subventionen weg – so mussten wir das volle Gehalt der Tagesmutter bezahlen, insgesamt 1300 Euro", erzählt der Vater einer zweijährigen Tochter.

Ein verrücktes System. Die Kitas verteilen nach Gutdünken ihre Plätze, wissen aber selbst nicht, ob die Anmelder immer noch interessiert sind. So geraten deutsche Eltern monatelang in einen Strudel aus Hoffen und Bangen. Das Betteln geht bis zur Grundschule weiter, wenn dann wiederum die Plätze für die Offenen Ganztagsschulen vergeben werden. Wer einen Platz erhält, muss froh sein und darf keinen Ärger machen. „Wir wagen es nicht, unseren Sohn einmal früher abzuholen. Dann würde es sofort heißen: Sie brauchen den Platz ja gar nicht", erzählt eine Mutter.

Franzosen gehen davon aus, dass die Kinder selbst einen Platz benötigen – unabhängig von den Eltern. „Wir können zusehen, wie die Kinder hier autonomer werden", sagt Gaël, die Leiterin unserer Kita. „Sie verbringen ihren Tag wie in einer Großfamilie. Und wie in einer Großfamilie auch können wir uns nicht lange mit einem Kind beschäftigen, wir können es trösten, aber nicht stundenlang herumtragen, wir können ihm beim Essen helfen, aber nicht täglich sein Lieblingsgericht servieren. Natürlich ist das auch hart für die Kinder – sie sind nicht mehr die Prinzen und Prinzessinnen wie zu Hause." Gaël hat selbst vier Kinder, und bei jedem ist sie ein Jahr zuhause geblieben, weil sie möglichst viel Zeit mit ihnen verbringen wollte. Sie ist also keine hartgesottene Vertreterin der frühen Betreuung. Aber sie ist überzeugt, dass es den Kleinen bei ihr gut geht. „Wir öffnen ihnen die Augen für ein gemeinschaftliches Leben."

Marlène Schiappa, Vorsitzende der sehr präsenten Vereinigung „maman travaille" („Mama arbeitet"), rühmt bei ihren

Auftritten im Fernsehen und im Radio immer wieder die Vorteile einer aktiven Mutter. Schiappas Blog wird in Rankings zu den zehn einflussreichsten französischen Seiten im Internet gezählt – sie hat also viele Fans. „Arbeitende Mütter verdienen für ihr eigenes Leben und für das ihrer Kinder, sie sind ein gutes Vorbild für eine unabhängige und häufig auch erfüllte Frau. Um ein Kind glücklich groß werden zu lassen, braucht es Dutzende Personen – allen voran auch den Vater, die Tanten und Onkel, die Großeltern, die Tagesmütter, die Lehrer, die Freundinnen. Es ist eine gesellschaftliche Aufgabe."

Gesellschaftlich bedeutet auch, dass die Eltern entlastet werden. Französische Pädagogen erwarten von den Eltern nicht, ständig präsent zu sein. Zwei Wochen vor Weihnachten gab uns die Erzieherin eine Karte – mit seinen Patschehänden hatte Fred Kringel auf sie gemalt, sie kündigte die Weihnachtsfeier in der Kita an. „Was soll ich denn mitbringen?", fragte ich, „Kekse oder Stollen vielleicht?" „Na, das lassen Sie mal unsere Sorge sein, unsere Köchin wird schon Kuchen backen." Wie immer verlangt meine französische Kita nicht, dass ich backe und knete, bastele und vorbereite, knüpfe und male, koloriere und klebe. Trotzdem hatten wir eine schöne Weihnachtsfeier: Sie begann an einem Freitagabend um 18 Uhr – dann, wenn alle arbeitenden Menschen normalerweise frei haben. Die Köchin hatte vier nougatgefüllte „Bûches de Noël" zubereitet, wir tranken Orangensaft aus Pappbechern, und ein Angestellter aus dem Rathaus erschien als dicker Nikolaus verkleidet und verteilte Bilderbücher an die Kleinen. Einige Eltern trudelten erst um 19 Uhr ein, gerade noch rechtzeitig, um die etwas überflüssige Laudatio des Bürgermeisters zu hören.

Auch das Sommerfest fand an einem Samstagmorgen statt, wenn alle Eltern frei haben und sich die arbeitenden Mütter nicht mit Gewissensbissen quälen, weil sie wieder als Erste das Büro verlassen und doch als Letzte im Kindergarten auftauchen.

Frankreichs Betreuungsvorsprung liegt nicht nur in der Anzahl der Plätze, die doppelt so hoch ist wie in Deutschland: Die Kitas erwarten nur wenig mehr von den Eltern, als dass sie ihre Kinder recht pünktlich morgens abgeben, Windeln auf Vorrat mitbringen und sie abends wieder abholen. Der Staat fühlt sich verantwortlich – und entzieht den Eltern, wenn man es negativ ausdrücken möchte, für eine bestimmte Zeit ihre Mitbestimmung. Dadurch aber haben französische Kleinkinder, Schüler und später Abiturienten eine gleichwertige Chance, sie sind nicht auf die Ambitionen ihrer Eltern angewiesen. Oder, wie es die französischen Philosophen Philippe Ariès und Georges Duby formulieren: „Die Entmachtung der Familie überträgt einer Außeninstanz die Verantwortung für zukunftsbestimmende Beschlüsse. Der Druck, unter den die Schüler durch die schulischen Verfahren (...) gesetzt sind, befreit die Eltern von dem Zwang, selber einen analogen Druck auszuüben, der die familiären Beziehungen nachhaltig beschweren könnte."

In Deutschland aber, so sagt es Jan, Vater von zwei Kindern, „sind wir ständig damit beschäftigt, unsere Kinder in der Betreuung zu haben." Sein fünfzehn Monate alter Sohn geht in eine Kita, die Tochter in den Kindergarten. Beide haben völlig unterschiedliche Öffnungszeiten, je nach Tag muss Sohn Daniel entweder um 14, 15 oder 16 Uhr abgeholt werden. Wer zu spät kommt, dem wird die Tür vor der Nase verschlossen. Direkt neben dem Eingang hängen häufig Schilder mit Aufschriften wie dieser: „Nächsten Donnerstag bereiten wir uns auf das Osterfest vor und werden mit den Eltern basteln. Es wäre schön, wenn Sie einen Kuchen beisteuern könnten." Und kaum eine Mutter, die nicht am Mittwoch, wenn das Kind betreut wird und sie eigentlich ihre Steuererklärung machen wollte, in der Küche steht und rosa gezuckerte Muffins, Kellerkuchen aus zehn verschiedenen Schoko- und Keksschichten oder Cookies mit roten Gummibärchen zubereitet. Zum Geburtstag, zu Weihnachten, zum Sommerfest, zum Herbstfest, zu Halloween, zu Ostern, zu Nikolaus, zu Weihnachten und zu Sankt Martin sollen die Eltern basteln, sie sind eingeladen, die Kita zu verschönern, den Mond-Lampion ihres Kindes zu vollenden oder Pappmaché-Figuren für den Karneval zu kleben. Ein Fulltime-Job. „Die Kitas in Deutschland sind nicht für die arbeitende Bevölkerung gemacht, sondern für Hausfrauen", sagt Jan. Es sei eine wahre „Muffin-Mafia."

Auch ohne Muffin-backende Mütter müssen französische Kinder auf nichts verzichten. Auch ich freue mich, wenn Fred über den Nikolaus staunt, Ostereier sucht oder mit der Laterne singend durch die Straßen unseres Dorfes zieht. Aber ich habe keine Lust zu basteln, wenn es den Erzieherinnen einfällt, ich habe keine Lust zu backen, und ich finde es auch absurd, dass an einem Donnerstagnachmittag zehn Mütter nach jahrelangem Studium oder Ausbildungen um einen Basteltisch sitzen und Weihnachtssterne ausprickeln, während ihre Kinder in der Bauecke sitzen. Kann sich diese Szene jemand mit zehn Männern vorstellen?

Natürlich ist jedes Engagement in der Kita formal freiwillig. Aber welches Kind wundert sich nicht, wenn viele Eltern anwesend sind, aber seine eigenen nicht? Welches Kind ist nicht betrübt, wenn es einen Lampion unfertig mit nach Hause nehmen muss, weil die Mutter oder der Vater ihn nicht in der Kita eigenhändig zusammengeklebt hat? „Meine Tochter fragt uns schon: Warum warst du nicht da zum Basteln?", erzählt Jan. Ständig müsse er auf der Hut sein, nichts zu verpassen, weil die Kitas gutgemeinte Optionen anbieten. Wahlfreiheiten, die zum Stress ausarten. Manchmal gibt es Aushänge, auf denen die Eltern ihre Kinder für eine Tanzstunde oder Kung Fu anmelden können – wer dies im morgendlichen Stress verpasst, hat am nächsten Tag ein enttäuschtes Kind zuhause, das nicht mit den anderen zusammen in die Turnhalle gehen konnte.

Historisch gesehen hat Jan den Nagel auf den Kopf getroffen. Trotz allen politischen Beteuerungen sind die Kindertagesstätten in Deutschland noch immer auf Hausfrauen oder Mütter mit Halbtagsjobs ausgerichtet. Sie passen nicht zu Familien, in denen Vater und Mutter arbeiten wollen oder müssen. Sie sind nur wenig elternfreundlicher als die ersten Kindergärten in den 1960er- und 1970er-Jahren, die dafür geschaffen wurden, Müttern eine ungestörte Hausarbeit und Kochen am Morgen zu gewährleisten. Bei der Familie von Hans lief es Ende der 1970er-Jahre so ab: Seine Mutter brachte ihn um 8 Uhr morgens zum Kindergarten, ging dann einkaufen, kochte, putzte und holte ihn um 12 Uhr mittags wieder ab, das warme Essen auf dem Herd. Das war vor nunmehr bald vierzig Jahren. Aber auch heute noch kommen Kinder hungrig und bereits mittags nach Hause.

Nur dass die heutigen Mütter häufig morgens arbeiten und schon am Abend zuvor vorkochen müssen.

Die Tage meiner deutschen Freundinnen gleichen einem Marathon. „Durchgetaktet" nennen es viele Eltern: „Jede Sekunde ist verplant und genau organisiert." Sabine arbeitet morgens als Biologie- und Geschichtslehrerin an einem Gymnasium, ihre zweieinhalbjährigen Zwillinge sind in der Zeit in einer Kita. Mittagessen gibt es dort seltsamerweise nicht. Es sei lange diskutiert worden, erzählten die Erzieherinnen bei der Anmeldung, aber letztendlich hieß es, sie hätten keine Möglichkeit zu kochen. Also fährt Sabine, ohne noch mit den Kollegen im Lehrerzimmer ein Wort gesprochen zu haben, nach Hause, sie kocht, was die Kleinen mögen, also vor allem Nudeln und Bockwürstchen oder Spinat und Kartoffelbrei. Sie lässt die warmen Töpfe auf dem Herd, spurtet zum Kindergarten und holt ihre beiden Mädchen pünktlich um 14 Uhr wieder ab. Die letzten beiden Stunden haben sie geschlafen, es ist also nicht daran zu denken, sie noch einmal hinzulegen und zu verschnaufen – sie sind energiegeladen, aber hungrig, und trotz aller Freude an ihnen ist dies eine anstrengende Kombination. Bis um 19 Uhr sind Sabine und ihr Mann, der auch Lehrer ist, mit den Zwillingen beschäftigt. Wenn die beiden dann schlafen gehen, ist auch Sabine todmüde, aber ihr Beruf holt sie wieder ein: Sie muss Klassenarbeiten über die Struktur der menschlichen Gene korrigieren, sie muss Klausuren für die Oberstufe zu den Ursachen des Ersten Weltkrieges stellen und Zeugnisse schreiben. Häufig bis 22 Uhr oder länger, bis sie dann „erschossen" ins Bett fällt. „Meinen Mann frage ich immer: Wann hört das endlich auf? Wann ist der Stress vorbei, wann haben wir wieder ein normaleres, entspanntes Leben?"

Manche Kitas spannen Eltern für alles Mögliche ein – sie müssen ab und zu den Kochdienst übernehmen, andere verlangen sogar von den Eltern zu putzen, falls die Reinigungskraft im Urlaub oder krank ist. Hinzu kommen Elternabende einmal im Monat, Jahresversammlungen und Grillausflüge, die die Familien organisieren. „Es macht Spaß mit netten Eltern und ist anstrengend mit anderen. In jedem Fall aber bestimmt die Kita über unser Familienleben – und nicht umgekehrt", sagt Jan.

Unsere Kita verlangt nichts von alledem. Für Fred kam in der Weihnachtszeit ein afrikanischer Märchenerzähler. Die Kita fragte sogar, ob wir uns seine Geschichten mitanhören wollten. An dem Tag hatte ich Zeit, und ich ging gerne hin – neben einer anderen Mutter, die ebenfalls selbständig arbeitete, war ich die einzige. Nach einer halben Stunde waren die Märchenstunde und auch die Elternzeit in der Kita wieder vorbei. Es war das einzige Mal während eines gesamten Jahres, dass wir eingeladen wurden. Fred hat dort sein Leben, und ich erfahre abends, was er tagsüber gemacht hat – ob er mit den anderen Kindern zur Trommelmusik getanzt, Nudelketten gebastelt oder in die Bibliothek gegangen ist. Zu Weihnachten brachte er einen Stern mit seinem Händeabdruck mit nach Hause. Wenn ein Kind Geburtstag feiert, bereitet die Köchin einen Schokoladenkuchen für alle zu, es wird gesungen und geklatscht, und das Kind lebt hoch. Frankreichs Kitas haben all dies all inclusive, mit der Anmeldung buchen wir das gesamte staatliche Paket und sind anschließend frei.

In Deutschland mühen sich gerade die berufstätigen Mütter ab, auch etwas zu basteln und so viel wie möglich am Kita-Leben teilzunehmen. Als Ausgleich für ihr schlechtes

Gewissen, das Kind wegzugeben, und als Beweis für alle Betreuungs-Unken, dass ihr Kind sehr wohl sich sorgende und aufopferungsvolle Eltern hat. Bei Johanna in der Kita sind die Bastelstunden oft am frühen Nachmittag, sie sagt manchmal extra Therapiestunden mit ihren Patienten ab, um hingehen zu können. Schon Tage vorher kauft sie in verschiedenen Geschäften Zutaten für die Bastelei, die Eltern für den weihnachtlichen Basar mitbringen sollten: Sträuße von Weidenkätzchen und bunten Gräsern, sorgfältig mit Bast zusammengebunden und in eine kleine Glasvase gesteckt, und das ganze zwanzig Mal. Abends, wenn der Kleine im Bett ist, sitzt Johanna am Wohnzimmertisch und kreiert ihre Mitbringsel, genauso wie ihre Freundinnen, die Weihnachtskekse, Fimo-Figuren und Schokonikoläuse fabrizieren. Natürlich hat die Kita nicht dazu verpflichtet, nein, das Ganze ist freiwillig. Zumindest formal. Aber die Eltern, vor allem die Mütter, fühlen sich nicht, als hätten sie eine Wahl. „Ich möchte doch nicht als Einzige ohne ankommen", sagt Johanna.

Oft reicht auch schon eine Erkältung des Sohnes aus, um den sorgfältig austarierten Alltag zwischen Kindergarten-Basteln, Arbeiten und Familie-Bekochen aus dem Gleichgewicht zu bringen: Wenn Kinder in Deutschland krank werden, gehen Eltern auf dem Zahnfleisch. In Frankreich übernimmt auch hier die Kita viel Verantwortung. Erst ab 38,5 Grad müssen die Kinder zuhause bleiben – vorher nicht. Natürlich versuchen auch französische Eltern, ihr fiebriges, schnupfendes oder hustendes Kind zuhause zu versorgen, sie leiden mit, wenn ihre Tochter oder ihr Sohn mit Grippe im Bett liegt. Aber sie müssen nicht bei jeder Erkältung, von denen Kleinkinder im Winter ja häufig eine nach der anderen haben, einen Antrag auf Sonderurlaub stellen.

Bei uns in der Kita ist in der Gruppe auch eine Kinderkrankenschwester, die auffällige Kinder untersucht. Das ist schon mal sehr beruhigend – häufig dachte ich, wenn sie den Husten von Fred nicht besorgniserregend findet, dann wird es wohl auch nicht so schlimm sein. Sie milderte häufig unsere Sorgen und ersparte uns so einige Male, in die nächste Stadt zum Kinderarzt zu fahren.

Manchmal fällt es auch schwer, so viel Verantwortung abzugeben. Als ich eines Tages Fred abholte, übergab mir die Krankenschwester einen heißen kleinen Jungen. „Er hatte knapp 39 Grad Fieber heute Mittag, dann hat er lange geschlafen, und jetzt scheint es ihm schon besser zu gehen", war ihre Erklärung. Ich war schockiert. Mein Fred, damals ein gutes Jahr alt, hatte hohes Fieber, und ich wusste nichts davon? „Warum haben Sie mich denn nicht angerufen?" „Es schien ihm, abgesehen vom Fieber, recht gut zu gehen, und ich wollte Sie nicht unnötig beunruhigen", war ihre Antwort. Irgendwie fühlte ich mich ein wenig ausgegrenzt – aber sie hatte ja recht. Ich war an dem Tag für eine Reportage unterwegs, hätte also nur mit einigen Stunden Verspätung zur Kita eilen können. Und wenn er in der Kita Ruhe und Schlaf für die Genesung findet, ist das ja auch schon viel wert. „Wir sind eine Serviceeinrichtung für Familien. Eltern lassen ihr Kind betreuen, weil sie selbst arbeiten möchten oder müssen oder weil sie etwas anderes vorhaben. Dann kann ich sie nicht gleichzeitig ständig bei uns einspannen – das ist *unser* Job", sagt die Kita-Leiterin Gaël.

Die Kita und ihre Erzieherinnen nehmen mir sehr häufig Lasten und Sorgen ab. Historisch gesehen ist das sogar der Normalfall: Kinder wurden schon immer von anderen Personen, von Freunden, der engeren oder weiteren Familie aufgezogen. „Mütter arbeiten so lange, wie unsere Spezies existiert, und sie mussten sich schon immer auf die Hilfe von anderen verlassen, um ihre Kinder aufzuziehen", schreibt die amerikanische Forscherin Hrdy. Vor diesem Hintergrund ist es nicht die geschichtliche Regel, dass deutsche Frauen für ihre Kinder zuhause bleiben. Es ist die Ausnahme.

Umso verwunderlicher ist es, wie sehr die Probleme kinderwilliger Paare in Deutschland ignoriert werden – obwohl sie zugleich so offensichtlich sind. Das „Bekommt doch mal mehr Kinder" des Staates ist ein Ruf in der Wüste, wenn Eltern sich um ihre Kinder sorgen. „Wir wissen schon lange, wie schwierig es in Deutschland ist, Kinder zu bekommen, auch die Politik weiß das. Aber sie will das Problem nicht richtig anpacken und ignoriert unsere Studien", sagte mir eine Forscherin. Ähnlich resigniert klingen viele, die sich wissenschaftlich mit der „Fertilität" der Deutschen befassen. „Die Bundesregierung müsste mal richtig Geld in die Hand nehmen, Erzieherinnen besser bezahlen, vernünftige Kantinen schaffen und auch mal heiße Eisen wie das Ehegattensplitting anpacken. Aber es geschieht einfach nichts an den wirklichen großen Baustellen."

Alleine mit mehr Krippen werden die Deutschen deswegen bestimmt nicht häufiger zu Müttern oder Vätern. Es sind auch die Kitas selbst, die es Eltern schwer machen, noch ein zweites oder drittes Kind in die Betreuung zu geben und sich auf sie zu verlassen. Nur zehn Prozent aller Kitas und Krippen hätten eine gute Qualität, sagt die aktuelle NUBBEK-Studie („Nationale Untersuchung zur Bildung, Betreuung und Erziehung in der frühen Kindheit"), für die die Autoren zwei Jahre lang 600 Betreuungseinrichtungen in acht Bundesländern unter die Lupe nahmen. Zehn Prozent – das ist sehr wenig. Dabei ging es um 47 Merkmale, beispielsweise darum, wie gut die Erzieherinnen ausgebildet sind, wie freundlich die Begrüßungsrituale ablaufen, ob die Kinder alle Sinne beim Spielen benutzen können und kreativ arbeiten. Keine hochgestochenen Anforderungen, sondern das, was Eltern schlichtweg erwarten, und doch fielen neunzig Prozent der Krippen durch. Meine Freundinnen waren nicht überrascht. „Manchmal arbeiten bei uns Aushilfskräfte, die sind vollkommen überfordert", sagen sie. „Wenn ich morgens mit Jule ankomme, herrscht so ein Tohuwabohu, dass sie nicht einmal richtig begrüßt wird."

Dabei ist der Wunsch der Eltern nach einer sorglosen Betreuung schon fast ein Allgemeinplatz. Selbst diejenigen, die sich bewusst dafür entscheiden, zuhause zu bleiben, würde es in der Familienplanung sicherlich beruhigen, zur Not doch noch eine Betreuung zu haben. Aber dieser Wunsch wird immer und immer wieder erneut festgestellt, anstatt ihn zu erfüllen. Ein Ergebnis der NUBBEK-Studie war auch: „Innerhalb der Gruppe der nur familiär betreuten Kinder gibt es eine erhebliche Anzahl von Müttern, die sich auch für eine außerfamiliäre Betreuung entscheiden würden, wenn die Bedingungen hierfür besser wären."

Wie beruhigend sind da wieder die einheitlichen Standards der französischen Kitas. Der Staat bestimmt über die Anzahl der Betreuerinnen und Betreuer pro Kind, er legt fest, dass mindestens eine Ärztin oder Krankenschwester im Team sein muss und dass die Leiterin eine „éducateur de jeunes enfants" sein sollte, also eine studierte Erzieherin, die zusätzlich für besonders kleine Kinder ausgebildet ist. Nach der Begrüßung sollen die Kinder erst frei spielen, bis zum Mittagessen werden dann organisierte, gemeinsame Spiele angeboten, etwa Singen oder Malen mit Wasserfarben. Die nationale französische Studie DREES, sozusagen das Pendant zu NUBBEK, kam zu überwiegend positiven Resultaten.

Die Forschungsarbeiten mögen inhaltlich schwer zu vergleichen sein, aber die französische Untersuchung bestätigte: Fast alle Kitas in Frankreich genügen den nationalen Ansprüchen. Sie haben nahezu alle denselben Betreuungsschlüssel, ähnliche Konzepte und Tagesabläufe. Ich habe zwar anfangs bedauert, für Fred keinen Waldkindergarten auswählen zu können, es hätte Hans und mir sehr gut gefallen, ihn jeden Tag in der Natur zu wissen. In seiner Kita gehen die Kinder immer nur für wenige Stunden auf eine kleine Rasenfläche vor dem Haus, das finde ich viel zu wenig. Aber gleichzeitig bin ich froh darum, keine große Auswahl zu haben. Es ist das, was Psychologen das Paradox der Entscheidung nennen: Die vermeintliche Wahlfreiheit macht nicht unbedingt glücklich, sie entspannt nicht, sondern stresst. Wenn wir in Bochum geblieben wären, hätte ich mich zwischen katholischen und evangelischen Tageseinrichtungen, zwischen ökologisch orientierten Elterninitiativen und Waldorfschulen, zwischen Montessori und Reformpädagogen, zwischen AWO und integrativen Konzepten entscheiden müssen. Ich hätte zwischen vegetarischen und biologischen, zwischen selbstgekochten und selbstangebauten Gerichten wählen und in Vereinskassen einzahlen müssen. Die rein städtischen Angebote machen nur einen Bruchteil der langen Liste aus, die das Bochumer Rathaus verteilt. Und die meisten Kitas schreiben schon auf der Homepage, dass die Mitarbeit der Eltern „erwünscht" ist, und machen konkrete Vorgaben. Ich müsste also bestimmen, ob ich Freitagmittags für die gesamte Kindergruppe kochen, ob ich eine Tier-AG leiten möchte, ob ich täglich acht Kilometer zum nächsten Waldkindergarten fahren will oder doch lieber nur vier bis zum Verein, der mindestens zwei Mal in der Woche lange Spaziergänge unternimmt.

„Der stetige Zuwachs an Wahlmöglichkeiten macht die Bürger unserer entwickelten Welt nicht zufriedener, sondern ängstlicher, er führt zu noch mehr Schuld- und Unzulänglichkeitsgefühlen", schreibt Renata Salecl, die slowenische Philosophin und Soziologin. Salecl wuchs in der kommunistischen Sowjetunion auf, und wie viele ihrer Landsleute freute sie sich zunächst, zwischen Produkten, Berufen und ihrer Mode freier entscheiden zu können. „Am Ende macht es uns wahnsinnig."

Denn wer einen so wichtigen Beschluss fassen muss, wie die Kita für die ganz Kleinen aus einer Fülle von Angeboten auszusuchen, der wird sich die Entscheidung naturgemäß schwer machen. „Ich habe mich noch Monate, nachdem unser Kind schon längst in die Waldorfschule ging, gefragt, ob es das Richtige war. Im Gespräch mit Freundinnen habe ich verglichen, ob das Angebot der anderen Einrichtungen nicht vielleicht doch etwas besser war, ob sie interessantere Kurse anboten und die Erzieherinnen herzlicher waren", erzählte eine Freundin. Häufig beschleicht deutsche Eltern das Gefühl, vielleicht doch nicht die allerbeste Entscheidung getroffen zu haben. „Es ist die Tyrannei der freien Wahl", sagt die Philosophin Salecl.

In Europa stehen die Menschen neuerdings vor Restaurants Schlange, die nur ein Tagesgericht anbieten, in Berlin verkauft ein Geschäft T-Shirts, die die Kunden erst nach dem

Bezahlen zu sehen bekommen. Wir sehnen uns offenbar danach, nicht ständig wählen zu müssen, erlöst zu sein von tyrannischen, weil nie enden wollenden Entscheidungen. Das gilt natürlich nur, solange das Einheitsgericht schmeckt und das Einheits-Shirt trotzdem zu uns passt. Und das gilt für Frankreichs Kitas auch nur so lange, wie mir ihr einheitlicher und, wie ich finde, kinderfreundlicher Standard gefällt.

Natürlich gibt es in den größeren Städten auch zunehmend freie Anbieter, Montessori-Kitas oder mehrsprachige Einrichtungen – einfach, weil sie ein lukratives Geschäftsmodell sind. Aber sie bilden die Ausnahme, der Staat ist nach wie vor für die allermeisten „crèches" verantwortlich. Sie verheißen vielleicht weniger als die Werbung deutscher Träger – aber wer in der Logik der Philosophin Salecl bleibt, muss „den Glauben an das Versprechen begraben und sich der Realität stellen" – nämlich, dass es nicht unendlich viele und immer bessere Optionen für uns gibt.

Franzosen haben häufig nur eine Option für ihre Kita. Der allgemeine und daher unwählbare Standard gilt ebenso für französische Kindergärten. Sie werden in Frankreich ohnehin sehr viel höher geschätzt als die deutschen: Das drückt sich schon in ihrem Namen aus – „école maternelle", also in etwa „Mutterschule" oder auch „Urschule" genannt. Sie ist also genauso wichtig wie alle weiteren Schulen, sie ist für alle kostenlos, und 97 Prozent aller Kinder zwischen drei und sechs Jahren besuchen sie auch. „Sie ist die Grundlage dafür, allen Kindern mehr Chancen zu geben und Nachteile in den Familien auszugleichen", sagt der Schulinspektor Thierry Vasse. Jeder Kindergarten hat eine genaue Aufgabe zu erfüllen, sie sind in den nationalen „programmes de l'école maternelle" unter dem Leitgedanken festgeschrieben, „jedem

Kind einen ersten schulischen Erfolg zu verschaffen". Ein hehres Ziel für eine hoch angesehene Institution. Und dieses zentral von Paris gesteuerte Einheitssystem setzt sich bis zur mittleren Reife fort, die alle Schüler auf ein und derselben Schule, dem collège, erreichen. Einige Details zeigen, warum Frankreichs Familien sich weniger um den Schulalltag sorgen: Die Stunden laufen alle einheitlich bis 15.30 Uhr, wer möchte, wählt noch eine oder mehrere „Aufsichtsstunden" dazu, in denen die Schüler Sport treiben, basteln oder lesen. Dies ist an jeder Schule gleich – egal, ob sie in den armen Vorstädten von Paris steht, in Saint-Tropez oder Bordeaux. In Deutschland gibt es alleine in einer Stadt unzählige verschiedene Formen – die Schulkonferenz kann über vieles entscheiden, manchmal mit absurden Folgen. Meine Nichte hat auf dem Gymnasium von 13.07 bis um 14.07 Mittagspause, weil eine Schulstunde 67,5 Minuten lang ist (also 1,5 mal 45 Minuten). Wer keine Hausaufgabenbetreuung gebucht hat, kann seinen Nachwuchs also meist um 13.07 Uhr abholen.

Jesper Juul ist einer der beliebtesten Pädagogen Deutschlands. Meine Freundinnen haben alle seine Bücher verschlungen, sie pilgern zu seinen Vorträgen, wo der beleibte Däne dann zurückgelehnt auf einem Sessel sitzt und sich in die Rolle der Kinder hineinversetzt. Juul sagt, er habe als Koch und als Matrose in seiner Jugend für das Leben gelernt. Seine Ratgeber lesen sich auch wie die Summe eines Pädagogen, der sehr genau beobachtet und immer die Partei der Kinder ergreift. „Viele Kinder sind in den Kitas sehr, sehr traurig", sagt er beispielsweise in Diskussionen. Viele Kitas in Deutschland seien zu klein, die Kinder säßen aufeinander wie in einem Hühnerstall und würden schon allein aus Distanzlosigkeit aggressiv wären. „Die größte Gefahr ist, dass die meisten Länder über zu wenig qualifizierte Erzieherinnen verfügen."

Einige deutsche Städte haben tatsächlich einfach den Betreuungsschlüssel geändert, weil sie nicht die erforderliche Anzahl an Erzieherinnen fanden. So muss dort eine Angestellte mit sechs oder sieben Kleinkindern zurechtkommen statt mit vier – eine fast unmögliche Aufgabe. Sie kann dann tatsächlich nur noch wie am Fließband wickeln, füttern und schlafen legen, fürs Vorlesen oder Trösten bleibt wenig Zeit. Deutsche Erzieherinnen werden in jedem Bundesland unterschiedlich ausgebildet und haben manchmal nur zwei Jahre Lehre hinter sich, ein Abitur ist nicht unbedingt erforderlich. Damit gibt Deutschland der Ausbildung zur Erzieherin dieselbe Zeit wie derjenigen für Verkäufer oder Speiseeishersteller.

Gaël, die Leiterin von Freds crèche, hat sich nach dem Abitur ein Jahr lang für die Aufnahmeprüfung zur „éducatrice" vorbereitet, bevor sie an einer Hochschule angenommen wurde und noch einmal drei Jahre studierte. Der Staat schätzt die anspruchsvolle Aufgabe von Erzieherinnen. Und wir schätzen ihre Professionalität und ihre Herzlichkeit mit Fred.

Sie sind auch recht flexibel. Wir haben freitags nur halbtags gebucht, aber Fred kann bei Bedarf auch einige Stunden länger bleiben. Wir müssen diese natürlich bezahlen, in unserem Fall kostet jede Stunde zwei Euro zwanzig. Aber zwei-, dreimal hat uns dies das Leben sehr erleichtert – einmal musste ich einen Artikel fertigschreiben, und Hans war auf einer Konferenz, ein zweites Mal holte ich meine Eltern vom Flughafen ab, und Fred musste nicht zwei Stunden im

Auto herumgefahren werden. Schon öfter habe ich beobachtet, wie französische Eltern mit einem Kind an der Hand morgens vor der Erzieherin auftauchen und erklären, sie hätten an diesem Tag etwas Wichtiges vor. Ob die Tochter oder der Sohn nicht ausnahmsweise zusätzlich für ein paar Stunden bleiben könne? Ich hätte dies nie gewagt und immer Tage vorher angefragt – aber bislang hat die Leiterin noch immer mit dem Kopf genickt. Die Kita ermöglicht es den Familien, einen erfüllenden und individuellen Tag verbringen zu können.

Die geschätzte Großfamilie

„Wann kommt das nächste Kind?"
Französische Freunde, Nachbarn und Kollegen

Franzosen sorgen sich nicht darüber, viele Kinder zu haben, sie sorgen sich darüber, nur ein Kind zu haben. Einzelkinder gelten als strapaziöser für Eltern. „Das dritte Kind wird ganz von alleine groß", sagt Charlotte. Ihr erster Sohn Aurélien war ein Junge, den sie nicht aus den Augen lassen konnte. Sobald er laufen lernte, rannte er wie wild durch die Wohnung, er brach sich den Ellenbogen auf der Supermarkttrolltreppe, ständig hatte er aufgeschürfte rote Knie, das Handgelenk verstauchte er sich, als er in einem unbeobachteten Moment vom Bett sprang. Charlotte ermunterte dies, noch mehr Kinder zu bekommen. „Ich dachte, Aurélien würde ein ganz anstrengendes Einzelkind, das wollte ich nicht." Natürlich sei er auch schrecklich eifersüchtig auf seine Schwester gewesen und habe am Anfang immer gesagt, er habe keinen Platz für sie in seinem Zimmer. „Aber jetzt spielen alle zusammen, wir sind nicht mehr die Animateure, sondern höchstens mal Zuschauer", sagt Charlotte.

Charlotte hat selbst zwei Schwestern und einen Bruder, und vielleicht ist eine Großfamilie für sie auch deswegen so normal, weil sie sie selbst erlebt hat. Die Krankenschwester wuchs in einem „HLM" auf, in einem dieser graufassadigen Hochhäuser mit Sozialwohnungen, die Frankreich früher viel zu oft an die Ränder seiner Städte verbannte. Es war nicht viel Geld da in ihrer Familie, viel weniger, als sie jetzt haben, aber sie hatte gesehen: Eine Großfamilie ist auch auf wenigen Räumen möglich. Und auch wenn sie sich heute nicht sehr gut mit ihrer Mutter versteht, so besucht sie doch ihre zwei Schwestern und den Bruder häufig, manchmal fahren sie zusammen nach Italien in den Urlaub. „Für mich war es völlig normal, mehr als ein Kind zu wollen. Und nach zwei Kindern dachten wir sofort, ein drittes wäre auch noch sehr schön."

Mit der Großfamilie oder überhaupt mit Kindern ist es so wie mit vielem anderen in der Gesellschaft: Was einmal etabliert ist, verstärkt sich selbst. Wer ständig zu Grillfesten, Hochzeiten und Weihnachtsfeiern geht, auf denen Dutzende Kinder herumschwirren, findet es normal, selbst welche zu bekommen. Wer seine Freundinnen und Freunde vornehmlich in der Mittagspause zum Kaffeetrinken oder abends zum Essengehen trifft und am Wochenende auf dem Fahrrad sitzt wie ich viele Jahre, denkt auch nicht unbedingt an Nachwuchs.

Familien leben ja häufig in einer anderen Welt als Singles – zwei Welten, die sich nicht unbedingt verstehen. Bevor Fred seine ersten Wutanfälle bekam, fand ich Kinder sehr schnell nervig und habe insgeheim im Supermarkt gehofft, die Eltern würden ein maulendes Kind „schnell zur Räson" bringen, egal wie, nur damit das Gezeter neben mir an der Kasse endlich aufhören möge. Ohne eigenen Nachwuchs ist uns der Nachwuchs der anderen noch viel fremder, er ist anstrengend und nicht unbedingt motivierend. Umso mehr, je seltener ein Kind bei normalen Treffen dabei ist wie in Frankreich – und nicht nur als Stressfaktor im Restaurant oder Zug auftritt.

Manchmal denke ich daran zurück, wie wenig Verständnis ich für eine Freundin und Kollegin von mir hatte, die ein Kind bekam, als ich noch Jahre von dieser Entscheidung entfernt war. Ich verstand es nicht, dass sie abends schnell nach Hause und nicht noch ein Getränk mit uns nehmen wollte, ich habe nicht bemerkt, wie anstrengend es für sie damals gewesen sein muss, auf der recht schäbigen Toilette unserer Redaktion die Milch abzupumpen. Ich fragte sie kaum, wie es ihrem Sohn ging, dabei hat sie wahrscheinlich sehr häufig an ihn gedacht, während sie mir gegenüber eine ihrer engagierten Reportagen schrieb. Wenn wir uns heute anrufen, reden wir viel über spannende Themen, aber eben auch darüber, ob wir unsere Söhne impfen lassen wollen oder nicht, wie gut die Schulen sind und wie anstrengend und schön das Leben mit ihnen sein kann.

Solche ignoranten Frauen wie mich gibt es in Frankreich seltener. Kinder sind allgegenwärtig. Es gibt nicht nur viele von ihnen, Kinderlosigkeit oder der Wunsch, nur ein Kind zu wollen, werden direkt als ungewöhnlich empfunden. Sobald Fred auf der Welt war, fragten Nachbarn, Freunde und Kollegen: „C'est pour quand, le deuxième? – Wann kommt denn das zweite?" Zuerst fand ich die Frage etwas indiskret und aufdringlich, außerdem war ich genug mit Stillen und Tagsüber-Schlaf-Nachholen beschäftigt, als dass ich sofort über eine weitere Schwangerschaft hätte nachdenken wollen. Aber nach einer Weile spürte ich, dass Franzosen die Frage gar nicht so genau nehmen, sie liegt ihnen einfach auf der Zunge, und mit einem „Bald, bald" sind sie auch schon zufrieden.

Für Eltern, die nur ein Kind haben wollen, ist das sicherlich trotzdem nicht leicht. In Elternzeitschriften finden sich auf den Psychoseiten immer mal wieder Briefe von Leserinnen, die sich mit ihrem „enfant unique" gegängelt fühlen. Denn Einzelkinder gelten als verhätschelt, als „kleine Könige", die mit Argusaugen über ihr Spielzeug wachen und die Eltern herumkommandieren. Das ist natürlich Quatsch – aber Ausdruck davon, wie sehr mehrere Kinder dem Ideal entsprechen.

Der französische Staat findet überhaupt erst Familien mit mindestens zwei Kindern förderungswürdig. Für Fred bekamen wir nicht einen Cent Kindergeld, Hans erhielt einen Lohnaufschlag von exakt zwei Euro neunundzwanzig monatlich. Fürs Zweite wird er hundert Euro mehr auf seiner Abrechnung finden – und der Staat zeigt sich auch viel großzügiger: 130 Euro Kindergeld werden wir für Freds Geschwisterchen erhalten, bei dreien zahlt er insgesamt knapp 300 Euro, bei vieren 460 Euro. Wenn der Nachwuchs älter und damit auch teurer wird, schlägt Paris noch einmal 60 Euro pro Nase drauf. Hinzu kommen noch einmal 180 Euro Familienzuschuss („allocation de base") und eine kleine Geldspritze für den Schulbeginn im September, die je nach Einkommen bis zu 400 Euro betragen kann. Familien mit drei Kindern und einem Jahreseinkommen von weniger als 45 000 Euro erhalten noch einmal einen Familienzuschlag von 185 Euro monatlich. Alles in allem, zusammen mit den Steuervorteilen, bekommen durchschnittlich verdienende Familien mit drei Kindern mindestens rund 1000 Euro im Monat. „Natürlich hat das für unsere Entscheidung eine Rolle gespielt", sagte Charlotte. Sie verdienten zwar beide ganz gut, aber zu fünft kostet schon ein Zoobesuch viel, ganz zu schweigen von Urlauben und dem großen Auto, dessen es nun bedarf. „Selbst wenn einer von uns die Arbeit verlieren sollte, könnten wir uns unsere drei Kinder leisten – dann kommen wieder andere Zuschläge dazu. Der Staat sorgt für seine Familien, und das ist auch richtig so."

Tatsächlich steht Frankreich an dritter Stelle in einem OECD-Ranking über die Ausgaben für Familien. Zusammen mit den steuerlichen Hilfen gibt das Land 3,2 Prozent seines Bruttoinlandproduktes für Eltern aus. Auch Deutschland sorgt für seine Familien – aber mit nur 2,1 Prozent des BIP zeigt sich Berlin, obwohl die Staatskassen besser gefüllt sind, deutlich geiziger. Außerdem gibt es in Deutschland keinen speziellen Bonus für Großfamilien. Berlin zahlt für die ersten beiden Kinder rund 180 Euro, für alle weiteren gibt es unwesentlich mehr. Auch der Kinderfreibetrag ist mit rund 3700 Euro für jedes Kind gleich hoch. Die Politik macht kaum einen Unterschied bei vielköpfigen Familien. Zudem wird das Ehegattensplitting, mit 20 Milliarden Euro jährlich neben dem Elterngeld der größte Posten für das Berliner Finanzministerium, unabhängig von Kindern bezahlt. Frankreichs Eltern zahlen pro Kind nach einem Quotienten weniger Steuern – ob sie verheiratet oder verlobt oder getrennt sind, spielt keine Rolle.

In Deutschland sind Großfamilien selten – seltener als Paare ohne Nachwuchs. Soziologen haben für dieses Phänomen längst einen Titel gefunden: „Die Kultur der Kinderlosigkeit". Sie sei ein „ernsthafter Wertekonkurrent zur Familie" geworden, schreiben die postmodernen Theoretiker. Für den Lüneburger Soziologen Günter Burkart ist das ständige Nachdenken über die eigene Person, ablesbar an den steil gestiegenen Stunden bei Psychologen, an öffentlichen Zurschaustellungen im Internet und Fernsehen und an erfolgreichen Ratgeberbüchern, der gewichtigere Grund für die Kinderlosigkeit. Der „Diskurs der Selbstverwirklichung (…) fordert zur Reflexion und Problematisierung" von Familie auf.

Inzwischen sind knapp ein Drittel der deutschen Paare kinderlos. Eine einfache Rechnung zeigt, wie dramatisch dies die Bevölkerung in Deutschland einschmelzen wird. Denn wenn 26 Prozent keine Kinder bekommen, müssten wiederum 65 Prozent der Frauen drei Kinder bekommen, um in etwa die Anzahl der deutschen Bürgerinnen und Bürger zu halten. Das ist natürlich eine völlig illusorische Annahme und wird nicht eintreten. Der Staat, die Gesellschaft sollten also eigentlich ein Interesse daran haben, die Kinderlosen vom Kinderkriegen zu überzeugen. Zumindest, wenn wir nicht Hunderte Dörfer und zahlreiche Busstrecken aufgeben und Schulen schließen wollen. „Die Familienpolitik setzt Paare unter Druck, sich zwischen Beruf und Familie zu entscheiden – und begünstigt damit Kinderlosigkeit", sagt Jürgen Dobritz. Der Demograf und seine Kollegen prophezeien sogar, dass sich künftig noch mehr deutsche Paare gegen Nachwuchs entscheiden – und damit den Unterschied zwischen Deutschland und Frankreich noch größer werden lassen.

Für die Welt mag das insgesamt ein Segen sein. Denn weltweit gibt es wohl nur wenige Völker, die so viele Ressourcen verschwenden und konsumieren wie wir. Aber individuell verpassen Deutsche dadurch viel Glück mit ihren möglichen Kindern. Franzosen sind schockiert, wenn sie die deutschen Zahlen hören. „Jede dritte Frau möchte kein Kind? Aber das ist ja so trist", sagte Marie zu mir. „Auf die Idee kommen wir hier gar nicht."

Jeder, der das deutsche System verändern möchte, wird seit Jahrzehnten von konservativen Politikern zurückgepfiffen. Martin Werding ist auch so einer, der die deutschen Hilfen revolutionieren möchte, und der Mittfünfziger hat sich dafür schon viel Ärger eingehandelt. „Sie glauben ja gar nicht, wie sehr deutsche Politiker Angst davor haben, Familien direkt zu helfen. Es ist eine gefährliche Angst. Denn wir verschließen die Augen davor, wie teuer uns die kinderarmen Jahre noch zu stehen kommen werden." Werding schüttelt den Kopf. Er sitzt in seinem Eckzimmer an der Ruhr-Universität Bochum, ein langer Weg durch verschlungene Nord- und Südflügel führt zu seinem Büro. Werding trägt die Haare kurz geschnitten, sein Hemdkragen ist steif und frisch gebügelt, der Tisch poliert. Der Ökonom sieht nicht aus wie ein Revoluzzer oder wie jemand, der dem deutschen Wohlstand an den Kragen will.

Aber er hat die demografischen Statistiken studiert und macht sich Sorgen. Vor ihm liegen drei Blätter mit Kurvendiagrammen. Sie vergleichen die „Fertilitätsraten" von westlich geprägten Ländern wie Deutschland, den USA, Großbritannien und Schweden. Die deutsche rosa Kurve dümpelt immer ganz unten auf der X-Achse herum, und das schon seit knapp vierzig Jahren. „Jede neue Generation", sagt der Finanzwissenschaftler, „wird um ein Drittel kleiner. Die Nachfahren von dieser schon verkleinerten Generation werden wieder um ein Drittel weniger zahlreich sein und so fort, es ist eine dauernde und rasche Abwärtsschleife. Es ist dramatisch."

Werding möchte daher kinderreiche Familien besonders belohnen – und zugleich das Rentensystem retten. Je mehr Kinder eine Familie hat, desto höher soll seiner Meinung nach die Rente sein. „Eltern sollen davon profitieren, dass ihre Kinder die Rente der älteren Generation bezahlen. Sie haben viel Geld in sie hineingesteckt und zu Berufsanfängern herangezogen, die später als Arbeitnehmer in die Rentenkasse einzahlen. Die Früchte dieser Investitionen ernten aber alle über die Rente, auch die Kinderlosen. Das ist ungerecht."

Werding befürwortet es auch, einen Teil der Rente privat zu finanzieren. Das finde ich wiederum eine für den Einzelnen zutiefst unsichere Variante, aber die Rente oberhalb eines gewissen Sockels an die Anzahl der Kinder zu knüpfen, wäre eine solidarische Errungenschaft. Es wäre ein lebenslanges, langsames Umschichten. Werding berät auch das Berliner Finanz- und Familienministerium, aber bislang will sich niemand an seine völlig neue Berechnung der Rente heranwagen. „Häufig wird meine Idee ad absurdum geführt. Sehr schnell kommt das Thema ‚Mutterkreuz' auf." Deutsche tragen mit dem historischen Erbe der nationalsozialistischen Elternpolitik eine schwere Last. Weil Adolf Hitler Frauen mit mindestens vier Kindern diese Ehrenmedaille verlieh, ist es bis heute verpönt, kinderreiche Familien zu belohnen. In vielen Blogs taucht das „Mutterkreuz" als Totschlagargument auf. „Hier wird immer sehr unsachlich diskutiert."

Frankreich verleiht übrigens auch heute noch die Medaillen – sie sind aber nicht der Mutter, sondern Familien insgesamt gewidmet, die mindestens vier Kinder in „Würde" aufgezogen haben. Bei dem Festakt hält der Präsident höchstpersönlich eine zehnminütige Dankesrede im goldbesetzten Élysée-Palast. Das erscheint uns zumindest seltsam. Aber es ist typisch für ein Land, das Großfamilien hochhält. Und die höhere Rente für kinderreiche Väter und Mütter existiert dort längst: Die „majoration famille nombreuse" schlägt für beide Eltern rund zehn Prozent mehr Rente drauf, wenn sie drei Kinder großgezogen haben. Bis zur letzten Sparrunde war dieser Aufschlag sogar von der Steuer befreit – und ist es heute nur noch bis zu einer bestimmten Höhe, nämlich rund 30 000 Euro Rente für ein Paar mit drei Kindern.

In Deutschland regen sich Kinderlose schnell auf, wenn sie weniger verdienen oder mehr zahlen sollen. Sie sagen, niemand bekäme Nachwuchs, um die Rente zu sichern, es gelten, wie auch für die Entscheidung, kinderlos zu bleiben, rein egoistische Gründe. Das ist sicher richtig. Aber am Ende sind es eben doch die Familien, die dieses System aufrechterhalten. „Familien geht es bei uns nicht zu schlecht, aber den Kinderlosen geht es zu gut", sagt Werding, und würde er diesen Satz im Internet veröffentlichen, erhielte er dafür bestimmt einen Shitstorm.

Werding bewegt sich auf einem schmalen Grad, denn schließlich heißt die Förderung von Familien auch immer, kinderlose Paare nicht zu unterstützen. Die Münchener Soziologin Valerie Heintz-Martin machte im Gespräch über die fehlenden Kinder in Deutschland eine interessante Beobachtung: „Diese ganze Fertilitätsdebatte hat in Deutschland zwei Gruppen geschaffen: diejenigen, die mit ziemlichem Bohei ihre Babys in teuren Kinderwagen durch die Gegend schieben, und diejenigen, die genervt sind von all dem Hype um den Nachwuchs, die sich rechtfertigen müssen, warum sie keine Kinder wollen. Ich finde das grundfalsch. Ein Kind zu bekommen oder nicht, sollte eine persönliche Entscheidung bleiben. Es sollte wieder normal werden und den Eltern zugleich finanziell und mit guter Betreuung geholfen werden."

In Frankreich gehören Kinder selbst zum Arbeitsalltag dazu. Französische Betriebe und somit ebenso ihre Angestellten haben keine Angst, ihre Kinder zu zeigen. Im Gegenteil, es wird als selbstverständlich empfunden, den Nachwuchs einige Wochen nach der Geburt einmal seinem Team zu präsentieren. „Visite de courtoisie" heißt dieser „Besuch der Höflichkeit", und meine französischen Freundinnen sind tatsächlich alle mit ihren winzigen Babys in ihrem Betrieb, dem Krankenhaus oder der Schule aufgetaucht und meistens hatten die Kollegen bei dieser Gelegenheit auch ein kleines Geschenk parat. „Es war richtig festlich", sagt Ärztin Mathilde, „wir haben alle auf meinen Tom angestoßen und das Wiedersehen gefeiert. Zugleich hat mir dieser kurze Besuch Vorfreude auf meine Arbeit gemacht – und mein Team hat sich hoffentlich auch gefreut."

Kinder gehören in Frankreich eben selbstverständlich dazu, das gilt natürlich auch für die ganz Kleinen. Und erst recht für Großfamilien. Wer sie beobachtet, sieht, wie einfach das dritte und vierte Kind mitwachsen. „Maxence zieht sich selbst groß", sagt Charlotte gerne über ihren kleinsten Sohn. „Du wirst sehen, die weiteren Kinder sind ein Klacks, sie beschäftigen sich ganz alleine." Tatsächlich wuselt Maxence zufrieden um unseren Kaffeetisch, er ist in das Spiel mit seinem Bagger versunken oder schlürft an seiner Apfelschorle. Seine Schwester und sein Bruder nehmen ihn mit auf ihren streunenden Touren durch die Siedlung, Maxence ist dabei, wenn sie puzzlen oder Lego spielen. „Die erste Zeit ist natürlich hart, klar. Da sind wir auch auf dem Zahnfleisch gegangen. Aber jetzt haben wir sehr selbständige Kinder." Charlotte strahlt eine große Zuversicht und Ruhe aus, sie wirkt weniger gestresst als viele Eltern von einem Kind.

Vielleicht machen viele Kinder wirklich entspannter. Viele Mütter und Väter kennen das: Das zweite Kind ist meistens einfacher großzuziehen als das erste, alleine schon, weil weniger Aufhebens um es gemacht wird. Das erste durfte noch Mandarinen schälen, um sich zu einem Bissen Kartoffelbrei herabzulassen, das erste wurde noch stundenlang in der Nacht in den Schlaf gewogen, das erste durfte sich noch jeden Mittag ein anderes Gericht wünschen und morgens die Farbe der Unterhose aussuchen. Dafür ist bei einem zweiten Kind gar keine Zeit mehr. „Wenn ich daran denke, wie sehr wir Tobias in den ersten beiden Jahren beim Essen zugeschaut und zugesprochen haben – unglaublich. Er stand unaufhörlich im Mittelpunkt", erzählt eine holländische Freundin. Seitdem ihre Tochter geboren sei, hätten sich die Rollen verändert. Sie mümmelt in ihrem Hochstuhl vor sich hin, Tobias erzählt vom Kindergarten, und mittendrin unterhalten sich ihr Partner und sie über ihren Tag. Ich fühlte mich sofort an uns erinnert: Unbewusst beobachteten wir Fred bei seinen ersten Essversuchen unaufhörlich. Er schmiss die Karottenbrocken auf den Boden, zeigte mit dem Löffel in alle möglichen Richtungen und machte Mätzchen. Irgendwann fiel uns auf, dass sich der Kleine wie auf einer Bühne fühlen musste und für uns eine etwas nervige Aufführung veranstaltete. Seitdem wir ihn nicht mehr so fixieren, isst er viel entspannter. „Unsere Sprösslinge sollen am Leben teilhaben, aber es nicht bestimmen. Das gelingt mit vielen Kindern besser als mit einem, weil sie sich untereinander beschäftigen", sagt Charlotte.

In Deutschland scheint es nicht mehr zum Alltag zu gehören, viele Kinder zu haben. Häufig habe ich von meinen deutschen Freundinnen gehört, dass sie ihre Kinder auf der Arbeit möglichst nicht erwähnen, um nicht in die „Muttischublade" gesteckt zu werden. Die Schublade, in der Mütter eben nur noch als Mütter und nicht mehr als ebenbürtige Kolleginnen betrachtet werden. Ein Vater schreibt in einem Buch über die ängstlichen Reaktionen seiner Kollegen auf seine frohe Botschaft, ein Kind zu erwarten: „Gratulation!", heißt es, „dieses Land braucht Kinder." Jeder weiß von der demografischen Misere, auf die wir zusteuern, ein Kind hat also eine gute Nachricht zu sein, unmittelbar gefolgt von: „So früh schon?" und besorgtem: „Und, wisst ihr schon, wie ihr das alles hinbekommen wollt?" Manchmal senken sich gar die Freundeshände schwer wie Baggerschaufeln auf meine Schulter: „Und dabei hattest du noch so viel vor."

Kinder sind in Deutschland nicht mehr selbstverständlich. Judith, eine Journalistin, die als Redaktionsleiterin vor vielen, vielen Jahren meine Anfängertexte redigierte, ist ein deutscher Sonderfall: Sie ist Mutter von vier Kindern. Und arbeitet auch mit vier Kindern zwischen vier und zwölf Jahren noch weiter an einer Universität, sie ist also quasi das französische Modell unter meinen deutschen Gesprächspartnerinnen. Sie gilt häufig als leuchtendes Beispiel. „Ach, ich will gar nicht über Stress klagen, das muss ja bei euch noch viel schlimmer sein", bringen ihr Freundinnen entgegen. Judith wehrt sich dagegen, auf einen Sockel gestellt zu werden. Sie kann sich noch gut daran erinnern, dass ein Leben mit zwei Kindern auch sehr stressig sein kann. Aber sie wird behandelt wie das seltene Exemplar einer aussterbenden Rasse.

Ihre Großfamilie ist so besonders, dass Menschen auf der Straße stehen bleiben und sie anstarren. „Viele Menschen werden richtig übergriffig. Erst fragen wildfremde Leute – sind das alles Ihre Kinder? Dann betrachten sie mich und sagen, ich sei ja hervorragend schlank geblieben, nach so vielen Schwangerschaften. Und ob ich denn noch mehr Nachwuchs plane." Mütter von zwei Kindern würden dies nicht gefragt, aber bei ihr hätten Passanten offenbar das Gefühl, sie wie eine öffentliche Person ausquetschen zu dürfen. „Da haben Sie aber viel Arbeit", sagen dann viele noch.

Die freie Zeit

*"Sie sind keine schlechte Mutter, nur weil Ihr
Nachwuchs nicht die Agenda eines Ministers hat.
Ihr Kind muss sich auch einmal langweilen."*

Christine Brunet, vielgelesene französische Pädagogin

In den ersten Monaten mit Fred war ich eine reine Vollzeit-Mutter. Ich wollte mit anderen Eltern über Windeln und Babypupse, über Beikost und durchwachte Nächte, über Salzwasser-Nasenspülungen und schadstofffreie Schlafanzüge sprechen, etwas Anderes interessierte mich nicht. Es war eine sehr schöne Zeit, entrückt vom Alltag. Die Geburt unseres Sohnes hatte unser Leben so schlagartig verändert, da musste ich erst einmal ein paar Wochen lang ausschließlich darüber reden und es verstehen lernen, und natürlich wollten auch wir alles richtig machen für den kleinen, zarten Menschen bei uns. Ich las Bücher über Babys, wir machten Dutzende Fotos vom Kleinen und guckten ihm beim Schlafen zu. Rückblickend muss ich wohl für meine kinderlosen Freundinnen eine recht einseitige Gesprächspartnerin gewesen sein.

Mit der Kita und meinem Wiedereinstieg in die Arbeit änderte sich das schlagartig. Plötzlich interessierte ich mich wieder für Präsidentschaftswahlen und meinen Gemüsegarten, ich freute mich darauf, wieder Zeitungen zu lesen und meine Finger in die Tasten zu hauen. Nach ein paar Monaten tat es gut, aus der Babyblase wieder herauszukriechen. Und meine Nachbarinnen und Freundinnen, und überhaupt alle französischen Mütter, denen ich begegnete, bestärkten mich darin – allein schon, weil sie selbst ihr altes, selbstbestimmtes Leben führten. Ich fing wieder an zu joggen und entdeckte meine vernachlässigten Interessen und Weggefährten wieder.

Und Hans und ich sind überzeugt, auch Fred mit unserem Eigenleben Gutes zu tun. Unsere französischen Freunde haben es uns vorgemacht. Sie veranstalten nur wenig Programm außerhalb der Kita oder der Schule. Französische Pädagogen ermuntern immer wieder dazu, ein Kind alleine spielen zu lassen. „Es ist gut, wenn ihr Kind einmal nichts zu tun hat. So lernt es auch, alleine zurechtzukommen", heißt es in dem Ratgeber-Klassiker *Kleine Tricks für große Sorgen*. Eltern sollten unbedingt darauf verzichten, ihr Kind ständig zum Judo, zum Klavierspielen oder in den Malereikurs zu schicken. „Je mehr Zeit ihr Kind in diesen organisierten Beschäftigungen verbringt, umso weniger wird es fähig sein, sich alleine und kreativ zu beschäftigen." Wer eine Aktivität an die nächste reihe, sei sofort verunsichert, wenn es mal nichts Konkretes zu tun gibt. Selbst wir Erwachsene kennen doch dieses Gefühl, etwa nach konzentrierten Lernphasen oder nach einer intensiven Projektarbeit oder sogar nach der Renovierung eines Zimmers: Sobald es vorbei ist, fallen wir in eine Leere, wissen nichts mehr mit unserer Zeit anzufangen. Wir haben verlernt, Stunden ohne Anleitung und Druck zu verbringen. Die beiden Autorinnen des Ratgebers empfehlen als Schlüsselsatz den Kindern zu sagen: „Im Leben gibt es nicht immer ein genaues Programm." Und an die Mütter selbst richten sie den Appell: „Sie sind keine schlechte Mutter, nur weil Ihr Nachwuchs nicht die Agenda eines Ministers hat. Im Gegenteil, es muss sich auch einmal langweilen."

Die Langeweile. Für viele Franzosen ist dies ein ganz und gar positives Wort. Sie verstehen darunter ein Nichtstun, ein Nichtsplanen, ein In-den-Tag-Hineinleben. Viele Franzosen, ob mit oder ohne Kind, sagen Montagmorgens im Büro, „nichts" oder „pas grande chose" – „keine große Sache" über das Wochenende gemacht zu haben. In Deutschland habe ich diese Sätze weniger gehört, sie kämen auch nicht so gut an.

Françoise Dolto, die legendäre französische Kinderversteherin, hat der „Solitude", dem Alleinsein, gleich ein ganzes Werk gewidmet. Es ist mit 500 Seiten so dick wie das Telefonbuch einer Großstadt – ein Zeichen dafür, für wie wichtig Dolto die Solitude erachtet. Für sie ist es eine wertvolle Zeit, um „herumzubummeln" und „Unfug zu treiben." „Die Langeweile, die Einsamkeit hat mich immer begleitet, nah oder auch fern, so wie sie all jene begleitet, die alleine versuchen zu durchschauen und zu verstehen, wo andere nur hingucken und hören. (…) Die Einsamkeit schenkt uns Energie, sie kann auch zerstören, aber sie treibt uns dazu an, unsere Grenzen zu überschreiten. Sie begleitet auch kleine Wesen von der Geburt an", schreibt Dolto.

Meine Freundin Charlotte pflegt in ihrer fünfköpfigen Familie ebenso „die Langeweile, das Unvorbereitete." Häufig macht sie keine Pläne für den Samstag. Ihre drei Kinder stehen auf, sie sitzen zusammen am Frühstückstisch. Keines ihrer Kinder quengelt, was sie denn nun heute machen sollen. Wenn sie ihren Kakao ausgetrunken haben, stürmen die Kinder davon – eines in die Bauecke, das zweite fängt an zu puzzlen, das dritte möchte mit dem Vater kochen. „Sie müssen sich später ihr ganzes Leben selbst beschäftigen – warum sollte ich ihnen alle Entscheidungen abnehmen? Das ist mir viel zu stressig", sagt Charlotte.

Manchmal kommt doch einer ihrer Söhne und beklagt sich. „Mir ist soo langweilig", sagte eines Morgens Maxence. „Ich habe schon alle Puzzles fertig gemacht." Charlotte nahm ihren Sohn in den Arm und antwortete mit Gegenfragen. „Ist dir wirklich so langweilig? Vielleicht bist du einfach gerade dabei zu träumen?" Maxence guckt erst etwas verstört und legt den Kopf auf die Schulter seiner Mutter. „Mmh." Nach einer Minute zieht er wieder los. In keinem Fall aber fängt Charlotte an, ihrem Sohn etwas vorzuspielen oder in die Hand zu drücken.

„Ich traue es meinen Kindern zu, sich selbst zu beschäftigen. Und das sage ich ihnen auch. Ich mache ihnen klar, dass es einfach nichts Schlimmes für mich ist, wenn sie sich langweilen." Charlotte hat bei ihren drei Kindern beobachtet, wie langwierig dieser Prozess sein kann. „Am Anfang kommen sie alle fünf Minuten zurück und wollen unterhalten werden. Bei unserem ersten Sohn haben wir das auch häufig gemacht. Als dann unsere Tochter geboren wurde, war es schlicht unmöglich für uns – schließlich habe ich sie gestillt und musste sie wickeln und beruhigen. Das war auch hart für Aurélien und für uns, ihn so aufgeschmissen zu sehen. Aber nach und nach konnte er sich selbst beschäftigen. Du musst Geduld haben: Sich die Langeweile zu vertreiben, müssen die Kinder erst mühsam lernen." Aber jetzt hat Charlotte ein entspanntes Wochenende: Sie kann im Garten graben, mit weit entfernten Freundinnen in Paris quatschen, und ihr Mann Olivier liest seine Krimis.

Charlotte verfügt über das, was deutsche Paare am meisten vermissen: freie Zeit für sich. In einer Allensbach-Studie gaben knapp sechzig Prozent der Eltern an, ihr Leben habe sich „sehr stark" verändert, knapp siebzig Prozent sagten, sie könnten nicht mehr über ihre Zeit verfügen, und noch knapp die Hälfte der Befragten sagte aus, „es dreht sich alles nur noch um das Kind/die Kinder".

Deutsche Eltern verlangen häufig von sich selbst, sich für ihr Kind aufzuopfern. Sie sind zutiefst davon überzeugt, ihrem Nachwuchs zu dienen, wenn sie ihn von einem Kurs zum nächsten fahren, sie glauben, er sei später einmal dankbar dafür, mit fünf Jahren Tennis und mit sieben Jahren Klavier gespielt zu haben. Sie sind manchmal sogar stolz darauf, jeden Nachmittag in der Woche im Auto auf dem Weg zu Kursen zu sitzen, und kleben sich auf die Windschutzscheibe Aufkleber, auf denen „Taxi Mama" in großen Lettern prangt.

Ein Taxi im Dauereinsatz. Ein Freund meines Neffen spielt zwei Mal in der Woche Fußball und bestreitet am Wochenende Turniere, er ist beim Badminton angemeldet, er lernt, ein Keyboard zu bedienen, er spielt Tennis, und selbst zum Seilchenspringen belegt er einen Kurs namens „Ropeskipping". Manchmal ist der Fußballtrainer sauer, weil der Kleine zu erschöpft von seinen vielen Sportstunden auf dem Platz aufläuft. Einmal rief der Achtjährige an einem Montagabend bei Tom an. „Hallo, ich möchte mal wieder mit dir spielen. Ich habe aber nur noch Sonntagmorgen Zeit." Seine Eltern erwähnte er nicht – aber die hatten als Chauffeure zum umfangreichen Freizeitprogramm ihres Sohnes logischerweise auch nur noch am Sonntag etwas Zeit übrig.

Über nichts haben deutsche Eltern in Gesprächen so sehr geklagt wie über fehlende Momente für sich selbst. „Ich habe das Gefühl, in einem ewigen Laufrad zu sein", sagen sie. „Hobbys kannst du mit Kindern vergessen." Schuld ist natürlich auch die kurze Betreuung, die für viele Familien schon vor der Mittagspause aufhört. Schuld ist aber auch der Terminplan der Kinder, den Väter und Mütter in den vergangenen Jahren immer engmaschiger selbst bestücken.

Das grenzt manchmal schon an Raserei. Sandra hat mit ihrem Mann zwei kleine Mädchen, aus seiner ersten Ehe kommen an einigen Wochenenden noch sein neunjähriger Sohn und seine zwölfjährige Tochter zu Besuch. „Das ist der reine Wahnsinn. Die Ex-Frau übergibt die Kinder mit einem Kalender voller Termine für das Wochenende. Freitagnachmittag soll der Sohn in die nächste Stadt zu Chorproben gebracht werden, Samstagmorgen die Tochter zum Steppen, der Sohn zum Fußball, beides ist rund dreißig Kilometer voneinander entfernt, weil die Tanzlehrerin in der Stadt X besonders toll sein soll und der Sohn wiederum in einer anderen Stadt ein Auswärtsspiel hat. Am Sonntag folgen dann noch wahlweise Auftritte des Sohnes bei einem städtischen Konzert oder Tanzeinlagen der Tochter auf einem Sommerfest – oder beide sind bei Kindergeburtstagen eingeladen, für die ich noch stattliche Mitbringsel besorgen muss. Mein Mann kann sich kaum mit seinen Kindern austauschen, und unsere kleinen Töchter verbringen ihr Wochenende auf dem Rücksitz des Autos. Es ist furchtbar."

Manchmal streiken sie, wie sie sagen, als würden sie ihre Arbeit niederlegen und nicht einfach nur faulenzen. Etwa wenn die Mädchen krank sind. Dann komme die Ex-Frau vorbeigefahren und kutschiere ihre Kinder eigenhändig durch die Gegend. „Ich frage mich vor allem – wozu das Ganze? Die Tochter ist nicht sonderlich motiviert, ihr macht Tanzen eigentlich wenig Spaß. Sie hat gar keine Lust. Und der Sohn hat zwar eine tolle Stimme, aber wenn der in den Stimmbruch kommt, kannst du das jahrelange Proben auch vergessen." Sandra macht eine wegwerfende Handbewegung, sie ist richtig in Fahrt. Natürlich ist sie auch ein wenig befangen, ich stelle es mir besonders unschön vor, sich das ersehnte Wochenende von der Ex-Frau diktieren lassen zu müssen. Aber ihre Frage ist absolut berechtigt – wozu das Ganze? Wozu der große Stress, den deutsche Eltern auf sich nehmen, um ihre Kinder vermeintlich früh zu fördern?

Franzosen könnten diese Frage auch nicht beantworten – sie entwerfen kein Freizeitprogramm für ihre Kinder, das sie übermäßig einspannen würde. Charlottes Sohn geht mittwochs zum Judo, die Tochter spielt Donnerstagabend Theater in den Räumen der Dorfbibliothek und fährt am Montag Mountainbike. „Ich finde es wichtig, dass sie ihre Interessen erkunden können", sagt Charlotte. Aber sie selbst muss ihre Zeit nicht nach den Hobbys der Kinder einteilen – das übernimmt die Schule für sie. Die Kurse schließen sich direkt an das Ende des Unterrichts an, die Lehrer begleiten häufig ihre Schüler noch zu den benachbarten Kursräumen.

Französische Eltern verbringen ihre Nachmittage nicht damit, ihre Kinder durch die Gegend zu kutschieren. Schließlich sind sie da selbst arbeiten oder machen selber Sport. Das Wochenende wiederum ist ihnen heilig, die Sommerferien sowieso – im August steht ganz Frankreich still, und nahezu jede Familie urlaubt, häufig auf dem Campingplatz. In der Zeit dazwischen setzen die Eltern auf die normalen Stunden an der Schule – darin gute Noten zu erreichen ist ihnen wichtig. „Am besten lernt mein Sohn von anderen Kindern", sagt Mathilde. Deshalb sei die Zeit in der Kita ja so unerlässlich. Wenn Tom mit ihr abends nach Hause komme, habe er sich auch „Entspannung und Nichtstun" verdient.

Der große Freizeitstress kommt für Franzosen gar nicht erst auf – ja, er kann gar nicht erst aufkommen, weil die französischen Kitas, Kindergärten und Grundschulen erst spätnachmittags schließen. Wenn die Kinder zwischen 17 und 19 Uhr nach Hause kommen, sind Hausaufgaben gemacht, ist der Sport geturnt und die Flöte gespielt. Allenfalls besuchen sie noch Anschlusskurse wie die Kinder von Charlotte.

Deutsche Eltern, wie sie mit ihren Familienkutschen von Termin zu Termin hetzen, von Kindergeburtstag zum Zahnarzt, zur Freundin des Sohnes, zum Fußballturnier und zum Malwettbewerb, haben auf mich als Kinderlose geradezu abschreckend gewirkt. So fremdbestimmt sollte mein Leben werden? Die fehlende Freizeit, das drohende Ende jeder Selbstverwirklichung ist für Deutsche einer der stärksten Gründe, keine Kinder in die Welt zu setzen. „Ich könnte mein Leben nicht mehr so genießen", gaben fünfzig Prozent der Kinderlosen in Umfragen an, sie fürchteten auch, „ihre Freizeitinteressen aufgeben zu müssen".

Der Stress um die Freizeit ihrer Kinder wird nicht großartig diskutiert. Er ist einfach da und wird meist von den Müttern geschultert. Die wöchentlich stramme Agenda von Schul- und sogar Krabbelkindern erscheint uns so normal, so alltäglich, als gehöre sie zum Kinderkriegen automatisch dazu. Die Agenda anzuzweifeln ist fast ein Sakrileg. „Du solltest erst mal die anderen sehen", sagen Eltern, wenn wir darüber reden, ob eine Dreijährige schon samstagmorgens zum Englischkurs fahren muss. „Die machen noch viel mehr." Meine Freundinnen sind immer bereit, über den Stress zu reden, den ihnen die Kurse ihrer Kinder bereiten, aber selten möchten sie darüber sprechen, ob es wirklich nötig ist. Und ob sich nicht da ein gewisses Konkurrenz- und Wettbewerbsdenken unter den Eltern breitmacht. „Nein, gar nicht, meine Tochter hat Spaß am Ballett / Malen / Rollerskaten / Eishockeyspielen / Modern Dance", heißt es dann. Und weiter: „Alle ihre Klassenkameradinnen sind in Kursen, da möchte ich sie nicht benachteiligen."

Die ewige Debatte um frühkindliche Förderung hat Eltern ungemein unter Druck gesetzt, ihr Kind „nicht zu benachteiligen", es früh zu pushen. „Ich habe das Gefühl, schon ganz früh die Weichen zu stellen für mein Kind", sagte mir Manuela, andere sprechen von „Chancen eröffnen" und „Potenziale erkennen". Unbewusst benutzen deutsche Eltern das Vokabular von Bildungspolitikern und Wirtschaftsbossen. Sie fühlen sich verantwortlich für die erfolgreiche Zukunft ihres Kindes, und das heißt in der kapitalistischen Sprache nun einmal, einen angesehenen Beruf zu ergreifen und am besten gleichzeitig künstlerisch zu brillieren. Der Staat gibt uns Deutschen nicht wie in Frankreich das Gefühl, das Kind wirklich aufzunehmen, es zu behüten und es zu einem Leben in der Gemeinschaft zu fördern – es obliegt den Eltern, das Beste aus ihren Söhnen und Töchtern herauszuholen.

Und das Beste ist eng umrissen. „Möchtest du denn, dass dein Kind später Musiker wird?", frage ich eine Freundin, deren Sohn drei Mal in der Woche zu Klavierstunden gebracht wird. „Um Gottes willen, nein!" Er solle nur diesen kleinen „Zusatzbonus" haben, das Pianospiel zu beherrschen sei doch bestimmt „wertvoll". Sicherlich möchten auch nur wenige Eltern ihre Töchter Profi-Ballerina werden sehen, sie wollen nicht, dass sie ein „brotloses Kunststudium" wählt. Es geht nicht wirklich darum, künftige Musikerinnen oder Künstler zu fördern – das ist für viele Eltern sogar eine schreckliche, weil furchteinflößende Vorstellung. Sie sehen für ihre Kinder am liebsten ein „ordentliches, zukunftsträchtiges" Studium vor, wie etwa das der Medizin, oder wenigstens ein Lehramt, das gesamte Freizeitprogramm soll nur ein paar Zusatzpunkte für den von Anfang an mitgedachten Lebenslauf liefern. Sie wollen eine glückliche Ärztin oder einen glücklichen Rechtsanwalt heranziehen oder glauben zumindest, dass diese angesehenen Berufe glücklicher machen. Darin scheinen sich deutsche und amerikanische Eltern sehr zu ähneln. „Their children's creativity (is) channeled into wealth-building forms. They want to produce ‚executives with hobbies'", sagt die amerikanische Autorin Judith Warner. („Die kindliche Kreativität wird in vermögensfördernde Programme geleitet. Sie wollen Führungskräfte mit Hobbys produzieren.") Warner beschreibt in ihrem Buch *Perfect madness* minutiös, wie die ängstliche, aufstiegsbewusste amerikanische Mittelklasse ihre Kinder durch die Gegend kutschiert und sie auf ein Podest hebt – bis sie alle zu exzellent ausgebildeten, aber egoistischen und interessenlosen Individuen heranwachsen.

„Executives with hobbies" – „Führungskräfte mit Hobbys" scheint mir auch manchmal das Ziel von uns deutschen Agenda-Müttern zu sein. Ein Ideal, das wir vom Bundesverband der deutschen Industrie aufgesogen haben könnten, der alljährlich zu Schuljahresbeginn „interessante" Lebensläufe lobt, die sich durch gute Noten plus musisches oder kreatives Interesse auszeichnen. Im Grunde trainieren Eltern ihre Kinder schon früh für eine leistungsbezogene Gesellschaft. Sie haben Angst, ihnen nicht alles mit auf den Weg zu geben, was nur irgend möglich ist – um auf einem zumindest gefühlt immer umkämpfteren Arbeitsmarkt einen sicheren Platz zu ergattern. Mit den Pisa-Studien Anfang der

2000er wurde uns eingetrichtert, schon ganz früh seien gute Noten entscheidend. Kaum wurde diskutiert, dass die OECD, also die „Organisation für wirtschaftliche Zusammenarbeit und Entwicklung", ihre eigenen wirtschafts- und firmennahen Interessen damit verfolgte – und weniger das allgemeine Wohlergehen und die soziale Bildung künftiger Generationen. Inzwischen fordern weltweit Tausende Bildungswissenschaftler von der OECD, den alle drei Jahre stattfindenden Test komplett zu überdenken. Er sei alleine auf die wirtschaftliche Ausnutzung öffentlicher Schulen ausgerichtet und vernachlässige gesellschaftliche Gaben wie soziales und moralisches Verhalten und künstlerische Fähigkeiten.

Aber bis PISA gestoppt wird, hat die Studie schon allzu viele Eltern angestachelt. Und es ist unendlich schwer, diesem Druck alleine zu entkommen. In Deutschland würde ich inzwischen wahrscheinlich auch alles dafür tun, mein Kind möglichst früh viel lernen zu lassen, damit es später alle Chancen hat und erfolgreich sein kann. Manche Freundinnen erzählen, wie „fix und alle" die Kinder nach solchen Tagen mit drei Programmpunkten sind. Teilweise nicken sie schon am Essenstisch über den Nudeln ein, manche weinen, wenn sie Samstagmorgen schon wieder früh raus müssen, weil das Training ansteht, oder sie müssen tagelang überlegen, ob sie ihren Eishockey-Kurs ausfallen lassen können, um zum Geburtstag der Klassenkameradin gehen zu können. Sie absolvieren ihre Stunden zusammen mit ihren Müttern, und irgendwie scheinen beide nicht mehr zu wissen, wo die „normale Zeit" geblieben ist. „Manchmal denke ich schon: So stressig kann es nicht weitergehen. Aber die ganze Klasse ist nachmittags in Kursen unterwegs, da soll mein Kind nicht außen vorstehen", sagt eine Freundin. Es ist die deutsche Obsession, sich später nichts vorwerfen lassen zu können, es ist wieder einmal das schlechte Gewissen, das mit Angeboten und immer ausgefalleneren Kursen mundtot gemacht werden soll. Das schlechte Gewissen ist sogar retroaktiv – inzwischen zweifelt schon meine Mutter, ob sie meiner Schwester und mir nicht zu wenige Kurse angeboten habe. Dabei sind wir beide inzwischen glückliche Erwachsene mit Hobbys wie Wandern oder Kochen, die sie uns nicht mit vierzehn Jahren hätte vermitteln können.

Die Generation meiner Eltern war viel entspannter. Wir spielten früher Nachmittage lang auf unserer Straße Verstecken oder Fangen, einmal in der Woche fuhr ich mit dem Fahrrad zum Flötenunterricht. Meine Mutter aber hatte ihre eigenen Hobbys bewahrt, so wie ich es heute von Französinnen kenne – sie ging trotz zweier Töchter noch zum Töpfern oder Seidenmalen, sie traf sich weiterhin mit Freundinnen zum Kaffee. Wir waren dabei und spielten mit den Kindern ihrer Freundinnen – heute ist es genau andersherum. Häufig trinken Mütter mit den Eltern von Freunden ihrer Kinder einen Kaffee oder essen ein Grillwürstchen mit den Eltern der Fußballkollegen.

Dabei sagt auch der in Deutschland hunderttausendfach gelesene Pädagoge Jesper Juul, Kinder könnten nicht immer im Mittelpunkt der Aufmerksamkeit stehen. „Nur so können Kinder erfahren und lernen, ihre Bedürfnisse und Wünsche mit denen der anderen in einem andauernden Dialog und immer neuen Verhandlungen abzugleichen. (…) Daraus entwickeln sie Empathievermögen." Juul springt immer für die Interessen der Kinder in die Bresche, er legt sich mit Erzieherinnen an, die seiner Meinung nach zu „Frühwarnmeldern" verkommen seien und nicht die Interessen des Kindes im Blick hätten. Juul ist also streitbar und parteiisch für die Kinder – und offenbar trotzdem zutiefst davon überzeugt, sie nicht ständig fördern und animieren zu müssen.

So sind deutsche Mütter und Väter Opfer und Täter zugleich. Sie fühlen sich gedrängt, ihre Kinder zu fördern – und müssen darüber ihre eigenen musischen, kreativen und sportlichen Hobbys vernachlässigen. Vielleicht haben manche Eltern über die intensiven deutschen Kinderjahre auch verlernt, sich alleine zu beschäftigen. Ich weiß noch, wie ich an Freds ersten Kita-Tagen unkonzentriert durch die Zimmer lief – es dauerte einige Tage, bis ich mit meiner frisch gewonnenen Zeit wieder etwas anfangen konnte, bis ich wieder wie früher morgens Radfahren und mich danach an den Schreibtisch setzen konnte. Und das war, die letzten Schwangerschaftswochen mitgerechnet, nach einer nur sechsmonatigen Pause. Wie muss es da erst Müttern gehen, die jahrelang alles für ihr Kind zurückgesetzt haben? Deren Zeit von Kursen, Arztbesuchen und Kindergeburtstagen getaktet war?

Aber die wenigsten meiner deutschen Freundinnen haben sich für ein solch durchorganisiertes Leben wirklich bewusst entschieden. Meine Schwester gibt an, seit zwei Jahren „null freie Zeit" gehabt zu haben. „Es fängt schleichend an: Erst denkst du, prima, wenn der Kleine Fußball spielt, das macht der Papa ja auch gerne, und Bewegung ist immer gut. Dann kickt er erst einmal in der Woche, dann zweimal, dann kommen die Samstagsspiele hinzu und plötzlich noch das

Sonntagsturnier." Genauso verhält es sich mit dem Musizieren und dem Malen, dem Tanzen und Töpfern: Es fängt harmlos an, und dann hat es die Familie im Griff.

Diese Entwicklung stresst auch unseren Nachwuchs. Wir suggerieren unseren Kindern mit den vielen Kursen, sie müssten sich unaufhörlich fortbilden und vorankommen. Sie können nicht einfach nur sein und sich selbst im eigenen Rhythmus weiterentwickeln. Auch sie sind durchgetaktet.

Der neunjährige Paul weiß, wovon ich schreibe. Paul hatte an einem Frühlingswochenende Freitagmorgens Schule und nachmittags Gitarrenunterricht. Am Samstagmorgen ging er mit seinem Vater auf den Fußballplatz, wie immer gab er neunzig Minuten alles, sein Vater stand stolz mit weiteren Vätern am Rand und aß die obligatorische Bratwurst. Samstagnachmittag waren Freunde mit Zwillingen zu Besuch, sie spielten im Garten im Sandkasten, alle hatten viel Spaß. Am Sonntagmorgen hatte er Schlagzeugunterricht, dann stand ein Kindergeburtstag an, das Thema war der Wilde Westen. Paul verkleidete sich als Indianer, er schoss mit stumpfen Pfeilen auf Zielscheiben und kam mit einem Säckchen voller Federn und Bonbons nach Hause.

Am Sonntagabend, die Familie aß gerade Käseschnitten, fiel Paul aus allen Wolken, als er hörte, er müsse am nächsten Tag in die Schule gehen. „Ich dachte morgen wäre Sonntag", sagte der Junge. „Ich hatte gar keine Zeit zu spielen."

Zeit zu spielen, Zeit zum Nichtstun haben französische Kinder in den Betreuungsstunden der Schule. Während dieser Betreuungsstunden sollen Kinder „selbst entscheiden, wie sie ihre Zeit nutzen", heißt es in dem Programm unserer Grundschule. Häufig spielen sie einfach Fangen auf dem

Schulhof, oder sie malen bei schlechtem Wetter oder spielen Brettspiele. Ältere sitzen häufig nur noch in gackernden Gruppen beieinander. Das Entscheidende ist: Schulpädagogen regeln diese nachmittäglichen Stunden und nicht die Eltern.

Natürlich stehen auch französische Eltern zunehmend unter Druck. Aber meiner Beobachtung nach setzt der Run auf gute Ergebnisse und bestmögliche Förderung ihrer Kinder glücklicherweise erst später ein. Französische Familien sind sehr gestresst, wenn es auf das Abitur zugeht, und die Hochschullandschaft in Frankreich ist furchtbar elitär – die Eltern versuchen ihre Kinder auf eines der wenigen renommierten Institute in Paris, Lyon oder Marseille zu schicken und zahlen für die Aufnahmeprüfung manchmal jahrelange Vorbereitungskurse. Das egalitäre Schulsystem, das Kinder erst mit fünfzehn Jahren auf verschiedene Schulen schickt und in achtzig Prozent zu einem Abitur führt, nimmt aber den Druck der ersten Jahre entscheidend raus. Das Hauptprogramm findet an der Schule statt – sie ist es, die die Eltern entlastet und für alle Kinder eine gleiche Agenda entwirft.

In Frankreich hat die emanzipierte und von den Sorgen der Kindererziehung befreite Frau eine lange Tradition. Für die Philosophin Élisabeth Badinter wirkt sich das libertäre 18. Jahrhundert bis heute auf das Ideal der französischen Mutter aus. Französinnen aus den höheren Klassen waren im 18. Jahrhundert die freiesten Frauen der Welt. Sie durften Geschäfte machen, und ihre Aufgabe war es, durch ihren Geist und ihren Esprit die Gesellschaft zu bereichern. Die Frau rief intellektuelle Zirkel zusammen, sie bildete sich kulturell und politisch und war vor allem für ihre geistreiche Konversation berühmt. Ihre einzige Aufgabe als Mutter war es, Nachkommen in die Welt zu setzen und sie später günstig zu verheiraten. Die Babypflege galt als unter ihrer Würde, und mehr als neunzig Prozent der Mütter gaben ihre Neugeborenen bedenkenlos für Monate oder Jahre zu einer Amme aufs Land – erst als die Kinder als Gesprächspartner interessant wurden, holten sie ihren Nachwuchs wieder zu sich.

Auf uns wirkt das heute gefühllos und sicherlich nicht vorbildlich. Ende des 18. Jahrhunderts wurde das libertäre, von den Aufgaben der Erziehung befreite Frauenleben mit dem Aufstieg der Bourgeoisie und einer natalistischen Politik ohnehin beendet. Aber das Ideal einer Frau, die sich und ihre Interessen pflegt und nicht alles dem Kind opfert, ist bis heute sehr stark. „Wer sich nur noch mit Kindern und anderen Müttern beschäftigt, wird zwangsläufig langweilig", sagte Mathilde zu mir. Sie wolle weiterhin auch Ehefrau, Ärztin, Freundin, Rugbyspielerin und Tochter sein und nicht nur Mutter.

Meine Freundin Marie nimmt ihre Tochter zu Verabredungen mit wie unsere Mutter früher uns. Die junge Frau mit den vielen Sommersprossen tauchte schon zu unserem ersten Treffen in einem Café mit ihrer zweijährigen Julie auf. Wenn ich Freundinnen treffe, kündige ich entweder lange vorher an, Fred mit dabei zu haben. Meistens aber, vor allem, wenn es Freunde sind, die noch keine Kinder haben und denen Jammern, Weinen, umgeworfene Gläser und ständige Warum-Fragen fremd sind, lasse ich Fred bei Hans oder verabrede mich zu den großzügigen Kita-Zeiten. Aber Marie saß da, hatte Julie auf dem Schoß, und wir unterhielten uns darüber, wie sich das Verhältnis zur eigenen Mutter änderte, als wir selbst Eltern wurden (wir, die Töchter, wollten uns mehr behaupten, die Mütter wurden anspruchsvoller), und welche Themen sie für ihre Prüfung auf einen Lehrerjob vorbereiten muss (Mathematik für Zehnjährige, eine Unterrichtsreihe zum Thema „Porträt"). Wir sprachen über die neue Leiterin der Kita, wie sie ihren Mann Philippe kennengelernt hatte und warum sie keine Soja-Würstchen mag. Zwei Stunden quatschten wir drauflos – und Julie schlürfte an ihrem Fruchtsaft und rannte anschließend kreuz und quer über den Platz einem kleinen Hund hinterher. Sie war es offenbar gewohnt, sich alleine zu beschäftigen.

„Ihr habt ja schon zwei Kinder", sagte ich zu Marie. „Hat sich euer Leben stark verändert?" Marie fand die Frage wohl kompliziert, jedenfalls überlegte sie länger. „Natürlich verändert sich vieles. Aber unsere Kinder haben nicht alles über den Haufen geworfen, was wir uns vorher aufgebaut hatten, das wäre ja schlimm." „Wie habt ihr das denn verhindert?" „Schwer zu sagen. Wir haben einfach das weitergemacht, was uns wichtig war – Freunde sehen, in die Natur fahren, gut kochen. Unsere Kinder haben einfach teil. Emma zum Beispiel kann schon gut Gemüse schneiden. Kinder können sich gut anpassen, finde ich."

Zwei Tage später treffe ich Marie wieder, wir haben uns zum Tennisspielen verabredet. Ich bin absolute Anfängerin, aber in unserem kleinen Dorf finde ich es nett, das Spiel mal auszuprobieren. Wieder taucht Marie mit ihrer Tochter Julie auf. „Ich dachte, Philippe könnte auf sie aufpassen, aber der hatte einen Termin", sagt sie nur. Während wir unsere ersten Bälle austauschen bzw. ich den Ball ziellos in die Luft schmettere, schiebt Julie ihren Puppenwagen hin und her. Ab und zu läuft sie ins Spielfeld, dann schiebt Marie sie wieder sanft hinter die weiße Linie, ab und zu kommt Julie auch und holt sich eine Umarmung ab. Nach einer halben Stunde hat sie Spaß daran gefunden, unsere verlorenen Bälle aufzusammeln, eifrig und mit bald rotem Gesicht tapert sie hin und her. Nie hätte ich daran gedacht, Fred mitzubringen, vielleicht wäre er auch pausenlos ins Feld gelaufen, wer weiß. Aber Marie hat ihre Tennisstunde, die ihr immer so wichtig war, auch mit der Tochter haben können.

Hans und ich haben französische Eltern beobachtet, die noch aktiv im Basketballverein sind, wir haben bei Marie gesehen, wie sie sich mit Freundinnen absprach, um sich moderne Theaterstücke anzugucken. Sie und Philippe haben direkt ein Theaterabonnement für die gesamte Saison abgeschlossen – undenkbar für meine deutschen Freundinnen. Nach und nach erfahren wir im eigenen Leben, wie gut wir unsere alltäglichen Wünsche mit Fred umsetzen können, wenn wir ihn als Teil unseres Lebens betrachten und nicht als dominanten Taktgeber.

Und das Gute ist: Auch für die Kinder scheint dieses französische Leben entspannter. Ich glaube nicht, dass sie sich wirklich nach verschiedenen Kursen sehnen, das glauben nicht einmal die deutschen Mütter, die sie dorthin fahren. Sie mögen gerne Gitarre spielen und tanzen, gerne Fußball im Verein kicken und Karate lernen. Aber genauso gerne dribbeln sie mit dem Ball auf dem Hof herum, malen bunte Kreise oder spielen mit den Geschwistern Verstecken.

Selbst in den Schulferien machen französische Kinder ihr Ding – sie haben häufig ihr eigenes Programm. „Was macht ihr in den Ferien?", fragte mich Johann, ein Vater aus der Kita, als die Sommerferien näherrückten. „Och, wir haben Besuch aus Deutschland und werden wohl ein paarmal wandern gehen", erzählte ich. „Und was macht Fred?", fragte mich der Vater zweier kleiner Töchter. So hatte ich die Frage gar nicht verstanden. Waren nicht unsere Ferien automatisch auch die von Fred und umgekehrt? Würden wir nicht nur Wanderungen machen, die auch Fred gefallen könnten, würden wir nicht automatisch mit unserem Besuch aus Deutschland zu frühen Zeiten in die Restaurants im Dorf gehen?

„Äh, der ist bei uns", sagte ich etwas verstört. „Meine beiden Kleinen besuchen eine Zirkusschule", erzählte Johann. Sie selbst wollten die Küche renovieren und mal wieder ausgiebig zusammen kochen, das sei ihre große Leidenschaft, sagte er und fuhr sich mit der Hand über den Bauch.

Französische Eltern haben nicht nur Urlaub vom Beruf, sondern – wenn sie wollen – auch von ihren Kindern. Sie können den Nachwuchs während der Schulferien in Freizeitcamps schicken, jede Stadt bietet ein großes Programm an. Johanns Töchter gingen zu zwei verschiedenen Camps: Die kleinere, Maloui, besuchte eine Pferdeschule, in der sie striegeln und galoppieren lernte und nach zwei Wochen begeistert auf einem kleinen Gaul durch die Wälder ritt. Matilde mit ihren neun Jahren ging gleich ganz in ein Camp in den Bergen: Dort zeltete sie mit Gleichaltrigen, sie lernten kochen, Feuer anzünden und fühlten sich überhaupt wie echte Pfadfinder.

Und der Ferienspaß ist noch dazu wirklich günstig – je nach Einkommen zahlen Eltern zwischen einem und elf Euro am Tag, jede Familie kann es sich also leisten. Johanns Töchter gehen nur für drei Wochen zum Programm, Freunde von ihnen aber auch sechs Wochen, andere sogar die maximale Zeit von acht Wochen. „Wenn sie mal nicht in ihrem gewohnten Umfeld sind, bringt das Kinder einen großen Schritt weiter", sagen Franzosen. Sie könnten in andere Rollen schlüpfen und sich neu entdecken, das sei ja mit den Eltern „nur schwer möglich".

Ich bin fasziniert von dem Angebot – auch wenn wir unsere Ferien immer sehr gerne mit Fred verbringen. Wie machen es nur deutsche Familien, deren Kinder jährlich knapp zehn Wochen Urlaub haben? Früher habe ich mir diese Frage kaum gestellt, weil meine Eltern Lehrer waren und wir also immer gleichzeitig frei hatten. Aber kaum ein Arbeitnehmer verfügt über ausreichend freie Tage, um die Ferien der Kinder komplett mit ihnen zu verbringen.

Manche Städte bieten für Eltern, die einen Ganztagsplatz in der Grundschule haben, auch eine Betreuung für die Hälfte der Ferien an. Nicht wenige Kinder müssen dazu aber auch den Kindergarten wechseln. Eltern ohne Nachmittagsbetreuung während des Schuljahres haben ihre Kinder für die vollen zwölf Wochen zuhause. Es ist ein Systemfehler, über den erstaunlich selten geredet wird – dabei hat diese Frage schon viele Eltern an den Rand eines Nervenzusammenbruchs geführt. „Jeder wurschtelt sich so durch", sagt meine Schwester. Sie selbst arbeitet als Sonderpädagogin an einer Hauptschule, ihre Ferien stimmen also mit denen ihrer beiden Kinder überein. Ihre Freundinnen aber haben nur drei Möglichkeiten: Entweder sie haben Großeltern, die ihre Enkel wochenlang behüten. Oder sie versuchen, Überstunden anzuhäufen und diese dann abzufeiern, um ihre Kinder selbst zu betreuen. Oder sie schicken sie zu Ferienfreizeiten, die inzwischen auch in Deutschland beliebter und häufiger werden.

„Gerade die Sportcamps von Fußballclubs sind total beliebt", erzählt meine Schwester. Tom und Nele waren dort auch einmal eine Woche, das hat die Familie zusammen zweihundert Euro gekostet. Wie immer geht es vor allem um die Kinder, die sich in den langen Ferienwochen nicht zuhause langweilen sollen. „Um die arbeitenden Mütter und Väter dreht es sich jedenfalls nicht. Unsere Sportwoche begann um zehn Uhr morgens und endete um 16 Uhr, das war also völlig außerhalb von normalen Arbeitszeiten."

Ein befreundetes Ehepaar meiner Schwester – sie arbeitet als Krankengymnastin, er als Chemielaborant – hat einmal wochenlang vergeblich nach passenden Plätzen gesucht. Am Ende hat die Frau für ihre zwei Kinder in den Osterferien Urlaub genommen, ihr Mann in den Sommerferien. An die Ostsee konnten sie in dem Jahr gar nicht fahren, sie hatten nicht einen gemeinsamen Urlaubstag.

„Der Witz ist: Selbst wenn du einen Ganztagsplatz hast, kannst du trotzdem Pech haben und die Ganztagsgrundschule macht beispielsweise die ersten drei Wochen im Sommer dicht, die Kindertagesstätte deines jüngeren Kindes die letzten drei. Das ist das totale Chaos."

In Frankreich haben landesweit alle Schulen und Kitas im August geschlossen. Aber es gibt immer eine Alternative: Selbst die französischen Skistationen betreuen Babys ab sechs Monaten – so fahren die Eltern einen Tag Ski, während die Kinder rodeln oder Schneemänner mit Gleichaltrigen bauen. Die Kitas im Schnee sind häufig schon monatelang vorher ausgebucht. „Das könnte ich aber nicht, mein Kind in ganz fremden Händen lassen", sagen viele deutsche Mütter dazu, und auch ich fand die Idee, Fred mit sieben Monaten in einer Thermohose und dicken Handschuhen morgens in irgendeine Gruppe neben den Berggondeln abzugeben, sehr befremdlich. Französische Eltern machen sich einfach weniger Sorgen. Das spüren die Kinder – die Gruppe von Kleinkindern, die später am Tag neben uns den Hang runterrutscht und an einem gespannten Seil den Berg heraufstapft, sah sehr glücklich aus.

Der gerettete Beruf

"Eine Frau soll ihr eigenes Leben verdienen."
Simone de Beauvoir, französische Philosophin

Der Spagat zwischen Beruf und Familie ist auch für Französinnen nicht leicht. Als meine Freundinnen und ich nach drei Monaten Babymassage-Kurs und ständigem Caro-Kaffee-Trinken wieder alle nacheinander arbeiten gehen mussten, heulten wir in unsere Kaffeetassen. Wir schauten neidisch nach Deutschland und wünschten uns ein Elternjahr, wir wollten noch mehr Zeit mit unseren Kleinen verbringen. Wir fanden es unvorstellbar, am nächsten Tag wieder vor dem Computer, den Patienten und den Zahlentabellen zu sitzen und nicht auf unser Kind zu schauen, während es im Trageschal an uns dranklebte oder in der Wiege nuckelte.

Uns schien es, als hätten wir uns komplett verändert, als seien unsere früheren beruflichen Interessen nur noch verschwommene Bilder einer untergegangenen Epoche. Die Hälfte unserer Babys wachte drei Mal in der Nacht auf, die andere schrie sich durch den Abend. „La peur du crépuscule" – die Angst der Dämmerstunden nennen Franzosen das Phänomen von wenigen Monaten alten Menschen, am Abend stundenlang untröstlich zu sein. Fred schrie und wimmerte meist ab 19 Uhr abends, wir trugen ihn herum, spielten ihm Musik vor, aber es war kaum etwas zu machen: Bis 23 Uhr richteten wir den Abend komplett nach seinen Bedürfnissen aus und hielten ihn abwechselnd auf dem Arm. Unser Leben war mit Fred angefüllt. Ich sah keinen Raum für einen Beruf. Außerdem hatten ich und meine Freundinnen Angst, abstillen zu müssen. Keine von uns wollte unseren Kleinen Pulvermilch andrehen, nur um wieder zu arbeiten, das erschien uns ein zu großes Opfer. Wir alle träumten davon, wie in Deutschland bezahlt ein ganzes Jahr zuhause bleiben zu können.

Aber eigentlich schlugen zwei Herzen in unserer Brust. Ärztin Mathilde, spezialisiert auf hormonelle Erkrankungen wie Diabetes oder Schilddrüsenfehlfunktionen, freute sich auch wieder auf dankbare Patienten. Ihr Beruf war ihr Kindheitstraum. Als sie hochschwanger mit Tom ihre Doktorarbeit geschrieben hatte, verbrachte sie die Tage bis zum späten Abend in der Universitätsbibliothek. Sie bestand ihr Examen mit Auszeichnung und hatte noch vor ihrer letzten Prüfung den Vertrag eines großen Krankenhauses in der Tasche: Sie sollte die endokrinologische Station mit fünfzehn Mitarbeitern leiten und Patienten mit Nierenversagen behandeln. Als ihr Sohn Tom geboren wurde, änderte sich Mathildes Leben schlagartig. Mit zwei Monaten wurden die Nächte sehr anstrengend. Häufig wachte Tom nach Mitternacht drei Mal schreiend auf und war nur sehr schwer zu beruhigen, manchmal musste sie ihn stundenlang umhertragen. Am nächsten Morgen einen Zwölf-Stunden-Tag mit Patienten zu absolvieren wie andere Ärztinnen schien ihr undenkbar.

„Ich gucke nur meinen Sohn Tom an und denke: Ich will noch bei ihm bleiben", sagte sie. Viele ihrer Bekannten fanden, sie müsse mehr an ihre Karriere als Fachärztin denken, das Krankenhaus wollte sie, wie in Frankreich üblich, am liebsten nach zehn Wochen wieder auf Visite schicken. Schließlich verlängerte Mathilde um zwei Monate ihre Elternzeit – länger wagte sie es nicht, von ihrem Posten fernzubleiben. Sie und ihr Partner hatten zudem einen Kredit für die Wohnung und das Auto aufgenommen, der abbezahlt werden musste. Als sie Tom am ersten Tag in die Krippe brachte, weinte sie. Und auch Céline und Julie waren den Tränen nahe. Es war eine schwere Zeit, und die zehnwöchige Ruhepause als Mutter, die ihnen und mir der französische Staat gönnte, erschien uns allen viel zu kurz.

Frankreich trimmt seine Mütter darauf, möglichst schnell wieder zu arbeiten. Das ist häufig sehr anstrengend. Wahrscheinlich würden sich französische Familien über ein bezahltes Elternjahr wie in Deutschland sehr freuen – oder zumindest über eine sechsmonatige Babypause. Die Trennung ist für viele hart und in den ersten Monaten sind die Nächte noch viel zu kurz, um wieder voll arbeiten zu gehen. Mit dem Elternjahr hat Berlin wirklich etwas Gutes geschaffen. Zumindest für die erste Zeit.

Heute, knapp zwei Jahre später, sehen wir uns immer noch ein- bis zweimal im Monat und Mathilde sagt: „Es war vielleicht ein bisschen zu früh, aber letztendlich war es richtig. Tom ist wunderbar in der Kita aufgehoben, und ich bin auch ein Mensch, der gerne arbeitet und regelmäßige Tage hat. Es hat uns beiden gutgetan." Anderen Französinnen fiel es sogar noch leichter als mir und meinen Freundinnen, die Arbeit wieder aufzunehmen. „Ich habe mich gelangweilt", sagte eine Mutter während der Eingewöhnungsphase in der Kita. „Außerdem wollte ich nicht den Anschluss verlieren und vermeiden, dass meine Kollegen mir meine Projekte aus der Hand nehmen."

Letztendlich entscheiden sich trotzdem viele Französinnen wie Mathilde, etwas länger zuhause zu bleiben als die üblichen zweieinhalb Monate. Sie müssen dies aber selbst bezahlen, das macht es für etliche unmöglich. Einige meiner Freundinnen haben sich auch dazu entschieden, doch noch einmal den Beruf zu wechseln. Die gute Betreuung macht es ihnen zwar leicht zu arbeiten, aber übermäßig zeitintensive Jobs bleiben auch in Frankreich ungeeignet für Familien.

Julie war vor der Geburt ihrer Tochter Alissia ein echter Workaholic. Zwölf Stunden am Tag arbeitete sie als Finanzanalystin für internationale Konzerne, sie ging in der Arbeit auf. Mit Alissia änderte sich dies schlagartig, ihr Job kam ihr immer sinnloser vor, und wenn sie abends um 19 Uhr nach Hause kam, war sie untröstlich, ihre Tochter nur so kurz sehen zu können. Ihre Nounou sollte ihr drei Mal am Tag Fotos von Alissia schicken, sie vermisste sie sehr. Nach einem Jahr entschied sie sich, komplett ihren Beruf zu wechseln und sich auf die Lehramtsprüfung für Wirtschaftswissenschaften an Kollegschulen vorzubereiten. „Ich habe es ausprobiert mit der langen Betreuung und dem Karrierejob – und es war einfach nichts für mich."

Vollzeit arbeitende Mütter sind so normal in Frankreich, dass einige Französinnen davon überrascht werden, wie anstrengend es sein kann, Beruf und Familie zu vereinbaren. Meine Bekannten fragten mich direkt nach der Geburt, wann ich denn wieder arbeiten gehe – deutsche Freunde wollten viel mehr wissen, wie lange ich denn zu Hause bleiben wolle. Ein kleiner, aber feiner Unterschied. Als Selbständige hatte ich das Glück, einen Mittelweg gehen zu können. Ich arbeitete dank unserer Nounou erst drei Tage voll und konnte die restliche Zeit mit Fred verbringen. Für mich war dies die optimale Lösung. Nach einem Jahr habe ich auf vier Tage erhöht, nach zwei Jahren dann auf fünf.

Nur rund ein Viertel aller Französinnen bleibt die vollen drei Jahre beim Kind, bevor es in den Kindergarten geht. Es ist eine Option – aber nicht diejenige, die beworben wird, im Gegenteil, sie wird eher argwöhnisch beäugt. So heißt es in einem vielgelesenen Ratgeber: „Wenn Sie ganz zuhause bleiben, verbringen Sie mehr Zeit mit ihrem Baby und können den Haushalt so organisieren, wie Sie wollen. Es gibt aber auch einige Nachteile: Die Einsamkeit, weil alle Freunde arbeiten, der schwierige Wiedereinstieg in den Beruf, und sicherlich wird es diesen Müttern noch schwerer fallen, ihre Kinder später in Betreuung oder gar zur Schule zu geben."

Céline war noch in der Probezeit, als sie schwanger wurde. Sie hatten sehnsüchtig auf ihr Kind gewartet, mehr als drei Jahre lang. Umso wichtiger war ihr dann die Zeit mit dem kleinen Gaspard. Als sie unerwartet schwanger wurde, hatte sie ihre Stelle bei einer gesetzlichen Krankenversicherung gerade erst angenommen. Wegen der Probezeit hatte sie „furchtbare Angst", ihren Job zu verlieren. „Also habe ich bis zum sechsten Monat meine Schwangerschaft verschwiegen, das ging erstaunlich leicht, ich hatte nur einen kleinen Bauch. Als ich einen Tag nach dem Ende der Probezeit bekanntgab, ein Kind zu erwarten, hat mich meine Chefin sogar beglückwünscht. In meinem Beruf arbeiten fast nur Frauen mit Familie, und sie hat mich gut verstanden." Außerdem hatte sie auch Verständnis dafür, dass Céline erst nach einem knappen Jahr ihre Arbeit wieder aufnahm. Gaspard geht seitdem in die Krippe direkt neben ihrer Arbeitsstelle, Céline ist wieder voll dabei und zufrieden mit ihrer Entscheidung. Wie sie arbeiten vier von fünf Französinnen mit Kindern unter fünf Jahren wie vorher, nämlich Vollzeit.

Eine Situation, von der deutsche Berufstätige weit entfernt sind. Es ist nahezu unmöglich, Menschen mit Kindern zu finden, die zu hundert Prozent arbeiten oder ihren Lebenstraum jenseits von Geldverdienen und der Zukunftsförderung ihrer Kinder sehen. Von den unter 45-jährigen Müttern ist über die Hälfte aus dem Beruf ausgeschieden, ein weiteres Viertel hat die Arbeitszeit langfristig reduziert. Nur jede fünfte Mutter kann ihren Beruf in Deutschland so weiterverfolgen wie vor der Geburt. Dieser Unterschied zu ihren Partnern, den Vätern ihrer Kinder, ist langfristig dramatisch. Denn während die Väter weiter aufsteigen, Kontakte knüpfen, sich selbständig machen und Projekte erfinden, geht kaum eine deutsche Mutter einem Job nach, wie sie es auch ohne Nachwuchs tun würde. Mit dem ersten Kind trübt sich ihre Aussicht auf berufliche Erfüllung merklich ein. Häufig ändert sich sogar der Beruf mit dem ersten Kind komplett – Lehrerinnen geben Nachhilfe, Journalistinnen schreiben ein paar PR-Texte im Monat, Ärztinnen übernehmen plötzlich nur noch die Abrechnung aus der Praxis ihres Mannes.

Und das Ganze passiert ohne großen Aufschrei, als sei es naturgegeben und unveränderlich. „Gibt es denn keine Demos für diese Frauen, die ihren Beruf aufgeben müssen?", fragte mich Marie. Nein, die gibt es nicht. Es gab Hunderttausende, die früher für das Recht auf Abtreibung auf die Straße gingen, wochenlang beherrschten Diskussionen über sexuelle Belästigung von Frauen die Fernseh-Shows und niemand könnte je wieder daran rütteln, Frauen studieren zu lassen. Seit mehr als fünfzehn Jahren starten Frauen besser qualifiziert in den Beruf als Männer, sie haben die besseren Abiturnoten und die glänzenderen

Uni-Abschlüsse. Aber mit der Mutterschaft scheinen all diese professionellen Errungenschaften nicht mehr zu gelten.

Die Story der unabhängigen Frau stoppt in Deutschland unweigerlich bei der Geburt: Mit dem Kind wird der Mann zum Alleinverdiener, Frauen stehen wieder am Herd – auch wenn sie es selbst nie so sagen würden. Nach einigen Jahren aber zwischen erfolgreichen Französinnen ist es schockierend zu sehen, wie schnell Frauen bereit sind, auch nach dem Elternjahr ihre Ausbildung und Erfahrung zu opfern. Denn es ist nur selten eine Wahl. Von den Dutzenden Frauen, die ich sprechen konnte, sagten nur zwei, sie wollten mehr Zeit mit dem Kind verbringen. Für alle anderen lohnte es sich finanziell nicht – die Tagesmutter hätte mehr als die Hälfte des Gehaltes verschlungen – oder es gab keine Möglichkeit, sie so lange betreuen zu lassen, wie es für den Beruf nötig gewesen wäre. Oder das permanente schlechte Gewissen hat es ihnen untersagt, ihr Kind so lange abzugeben.

„Es ist eine ganz klare Strategie in Deutschland, Frauen vom Beruf fernzuhalten. Viele finanzielle Vorteile sind an das Nicht-Arbeiten geknüpft", sagt Waltraud Cornelißen vom Deutschen Jugendinstitut in München. Cornelißen forscht über Hürden für die berufliche Gleichberechtigung von Frauen und Männern und ist sehr ernüchtert. „Die Probleme zum Beispiel mit dem Ehegattensplitting liegen wissenschaftlich längst auf der Hand – aber politisch unterstützt wird immer noch das alte männliche Ernährermodell. Das Interesse an Erwerbsarbeit wird deutschen Frauen abgekauft."

Im Freundeskreis meiner Schwester arbeitet nur eine Frau nach der Geburt ihrer beiden Kinder voll – Simone lehrt als Sonderpädagogin an einer Krankenhausschule mit psychisch Kranken, um 13 Uhr kann sie meistens nach Hause gehen. Alle anderen mussten viel aufgeben. Kerstin arbeitet bis 14 Uhr als Krankengymnastin und musste lange Zeit dafür kämpfen, ihre Kinder erst um 14 Uhr und nicht schon um 13.30 Uhr von der Kita abzuholen. Birke ist Sicherheitsbeauftragte auf Baustellen und ebenfalls nur Teilzeit angestellt, ebenso wie Tatjana, die als Bürokraft arbeitet und mit ihren wenigen Stunden nicht mehr damit rechnen kann, jemals in der Hierarchie aufzusteigen. „Sind sie denn nicht unglücklich darüber?", frage ich meine Schwester. „Ich weiß nicht so recht. Irgendwie haben sie sich damit abgefunden, dass es so läuft. Es geht ja allen so – und ihre Arbeitgeber planen sie auch nach der Geburt gar nicht mehr voll ein."

Manche französischen Chefs hingegen sind sogar überrascht, wenn Mütter nicht mehr voll arbeiten gehen wollen. Julies Patron erlaubte ihr nach langer Diskussion schließlich eine Vier-Fünftel-Stelle für ihren Leitungsposten als Finanzanalystin. Er hatte eigennützig erkannt: „Mütter klotzen besonders ran." Französinnen trauen sich eher, einen Karriereweg einzuschlagen, auch wenn sie Kinder möchten. „Das war für mich nie ein Gegensatz", sagt Mathilde. Als Ärztin fährt sie zu Kongressen und schiebt Nachtdienste, wenn bei einem ihrer Patienten die Nieren versagen. Trotzdem wünscht sie sich neben Tom noch drei weitere Kinder. „Eine Großfamilie plus Job ist das Allerbeste", sagt sie.

Deutsche Frauen hingegen schränken sich schon früh selbst ein. Häufig entscheiden sie sich für ein Studium oder eine Ausbildung, die es ihnen später leichter machen wird, eine

Familie zu gründen. Viele Kommilitoninnen in der Romanistik wollten Lehrerinnen werden, weil die Arbeitszeiten zu Kindern passen – und nicht unbedingt, weil sie sich zu Pädagoginnen berufen fühlen. Umgekehrt verzichten viele Hochqualifizierte auf Kinder, weil sie ihren Beruf nicht für den Nachwuchs opfern wollen. Es herrscht ein Entweder-Oder-Gefühl – entweder Karriere oder Kinder. Ein Drittel der Kinderlosen gibt an, für den Beruf auf Kinder verzichtet zu haben. Kein Wunder: Sie können tagtäglich beobachten, wie ihre ehemaligen Studienkollegen mit Kindern erst einmal das verlieren, worauf sie lange hingearbeitet haben. Die viel beschworene sogenannte Vereinbarkeit von Familie und Beruf ist eine Schimäre, ein Trugschluss. In Deutschland wird die Familie vereinbart mit Minijobs und Halbtagsstellen, mit Karrierebrüchen und Lohneinbußen. Und mit traditionellen Rollen, die Frauen putzen und Männer Geld verdienen lassen.

Das Ideal wäre für mich auch nicht, dass alle voll arbeiten. Sondern, dass Männer und Frauen die ungefähr gleichen Zugeständnisse an die Familie machen und beide als Achtzig-Prozent-Angestellte oder Freiberufler akzeptiert werden. Dass die Rechtsanwältin reduzieren kann, weil es der Kompagnon auch tut. Valerie Heintz-Martin hat einige Jahre in Kanada verbracht und blickt schon allein deswegen etwas distanzierter auf die Rolle der Mütter in Deutschland – obwohl auch sie hier eine Tochter zur Welt gebracht hat und zum Zeitpunkt unseres Gesprächs gerade kurz vor dem Mutterschutz für ihr zweites Kind stand. „Ich war schockiert, wie ablehnend viele noch auf eine arbeitende Mutter reagieren", sagt sie. Heintz-Martin hat zusammen mit Cordula Zabel erforscht, wie sehr die Nicht-Berufstätigkeit von Müttern alte Rollenbilder zementiert: Wer nicht oder deutlich weniger arbeitet als der Ehemann, ist auch automatisch mehr für die Hausarbeit verantwortlich, fürs Waschen, Kochen, Naseputzen und Bodenwischen. „Wir haben ganz klar herausgefunden: In Westdeutschland ist die Hausarbeit bei Familien mit jungen Kindern viel weniger gleich verteilt als in Frankreich", sagt die Soziologin. Kinder würden Paare in sehr traditionelle Strukturen zurückstürzen – häufig eine unangenehme Überraschung für Frauen, die sich immer als gleichberechtigt gesehen haben. „Junge Familien sind häufig sehr gestresst. Während sie vor dem Kind noch unregelmäßig die Aufgaben verteilt haben, schleicht sich bei ihnen ganz notwendig eine recht starre Routine ein. Und Routinen gehen häufig sehr traditionelle Wege – zu Lasten der Frau. In Frankreich arbeiten Frauen auch mehr im Haushalt als Männer, aber der Unterschied ist deutlich geringer."

Heintz-Martin und Zabel lasen aus ihren Daten noch eine erstaunliche Erkenntnis heraus: Je höher das Einkommen der Frau, desto gleichberechtigter wird die Arbeit im Haus verteilt. Französinnen verdienen deutlich besser – und haben auch deshalb einen Vorsprung bei der Verteilung der ungeliebten Putzarbeit.

Die Philosophin Élisabeth Badinter hatte für diese ewige Ungerechtigkeit nur einen Satz übrig: „Ein Mann, der seine Frau den größten Teil der familiären Arbeiten machen lässt, liebt seine Frau nicht." Soweit würden wir Deutschen wahrscheinlich nicht gehen, und ihr Satz bezog sich natürlich auch auf das französische Modell, in dem beide Partner einem Job nachgehen. Aber der letzte Gleichstellungsbericht lässt deutsche Männer ganz schön erbärmlich oder sagen wir besser – egoistisch – dastehen: Achtzig Prozent der Frauen befürworten ein egalitäres, also gleichberechtigtes Partnerschaftsmodell, unter den jungen Männern sind es nur vierzig Prozent. Mehr als die Hälfte aller Männer findet es also besser, wenn die Frau mehr im Haushalt schuftet und weniger Karriere macht als man selbst. Sie erwarten nach einer weiteren Studie, weniger waschen, kochen und einkaufen zu müssen als ihre Frauen – und leisten dann de facto sogar noch weniger, als sie von sich erwartet haben. Umgekehrt verrichten Frauen diese Arbeiten noch häufiger, als sie selbst vorher dachten. Diese starken Gegensätze führen zu Ärger und Frust in der Beziehung. Frauen, die – wie viele Französinnen – gleichberechtigter arbeiten, wird dieser zumindest teilweise erspart. Die geringere und geringer entgoltene Arbeit von deutschen Frauen zieht ein Ungleichgewicht in der Partnerschaft nach sich, das mit jedem Kind stärker auf dem Paar lastet. Väter geben zwar an, mehr Zeit mit ihren Kindern verbringen zu wollen, letztendlich tun sie aber das Gegenteil: Sie bleiben mit jedem weiteren Kind länger an ihrem Arbeitsplatz. „Beim ersten Kind fallen viele Paare in ganz traditionelle Rollen zurück", sagt der Dortmunder Soziologe Michael Meuser. Interessanterweise sind nach seinen Forschungen Paare im Arbeitermilieu eher gleichberechtigt als in akademischen Familien – obwohl dort das Ideal viel häufiger proklamiert wird. All die Bildung und Aufklärung scheint uns Frauen also wenig zu nutzen. Und wahrscheinlich ist es auch kein Zufall, dass in den gut ausgebildeten Kreisen wiederum die Zahl der Kinder sinkt und sinkt – schließlich ist die „Hausfrauenfalle" für viele Akademikerinnen leicht abzusehen.

So warten deutsche Mütter noch immer darauf, sorgenfrei arbeiten zu gehen. Sie warten auf politische Verbesserungen, die trotz aller Erkenntnisse immer noch nicht eingetreten sind. Heintz-Martin arbeitet am Deutschen Jugend-Institut, an dem viele Expertinnen und Experten erforschen, warum die Fertilität in unserem Land sinkt. Inzwischen mangelt es nicht an Antworten. „Es ist ganz klar die fehlende Infrastruktur. Bei unserer Kita in München hatten sich 1300 Eltern auf etwa dreißig Plätze beworben, es ist einfach absurd schwierig, ein Kind betreuen zu lassen. Ich habe unser Kind quasi mit dem Schwangerschaftstest in der Hand anmelden müssen", sagt Heintz-Martin. Und nur weil ihr Mann bei der Stadt angestellt ist, konnten sie über einen Kontingentschein einen Platz ergattern. Weil zu viele Eltern einen solchen Schein wollen, werden die Plätze sogar verlost. Das Berufsleben der meisten Mütter ist somit zum Glücksspiel geworden. „Vorsichtshalber haben wir unsere Tochter bei zwanzig Kitas angemeldet – das Ganze immer verbunden mit Fragebögen, persönlichen Gesprächen, Vorstellen. Das ist sehr nervenaufreibend." Heintz-Martin hat es nie bereut, ihren Beruf voll auszufüllen. Aber es ist in Deutschland eine seltene Entscheidung, Kind und berufliche Erfüllung gleich wichtig zu nehmen.

Westdeutsche Frauen und Männer sind in ihrer Mehrheit davon überzugt, dass die Mutterrolle mit einer vollen Erwerbstätig nicht vereinbar ist. Vielleicht auch, weil es an Vorbildern fehlt. Deutsche Frauen befinden sich in einer erdrückenden Wiederholungsschleife – ihre Mütter blieben häufig zuhause, ihre Schwiegermütter ebenso, die Arbeit von Frauen gehört bislang einfach nicht zum Leben dazu. Menschen haben Angst vor dem Ungewohnten. Eine Angst, die bei den uns so wertvollen Kindern besonders schnell aufkommt.

Ich hatte Glück und wurde anders geprägt: Meine Mutter hat auch mit zwei Kindern als Sozialpädagogin gearbeitet und eine Kinderfrau für uns engagiert, die fast ihr gesamtes Gehalt kostete – Kitas gab es in den 1970er-Jahren nicht in unserer Stadt. Und sie hatte, anders sogar als viele Frauen heute, kein schlechtes Gewissen dabei. „Für mich war es der Himmel auf Erden – ich konnte meinen interessanten Beruf verfolgen und wusste euch in den besten Händen." Reagiert die Umwelt heute skeptisch, wenn Kinder nachmittags lange in der Kita bleiben, so stand damals eine arbeitende Mutter per se in der Kritik. Spielten meine Schwester und ich mit unserer Mutter im Garten, gab es immer eine Nachbarin, die über den Zaun rief: „Mit Mutti ist es doch am schönsten!" Oder auch: „Mutti ist die Allerbeste!" Berufstätige Mütter standen unter dauerhafter Beobachtung. „Viele warteten nur auf ein Zeichen, dass den Kindern etwas fehlen würde." Aber uns fehlte nichts, wir hatten eine erfüllte, arbeitende Mutter, die nach dem Job gerne mit uns spielte.

Und wir hatten unsere Kinderfrau noch dazugewonnen. Noch heute treffen wir sie, sie ist Teil der Familie geworden. Auch weil ich es glücklicherweise so kennenlernte, wollte ich unbedingt beruflich zufrieden sein. Ich habe sogenannte brotlose Fächer wie Politikwissenschaft und Romanistik studiert, weil sie mich interessierten und obwohl sie nicht zu einem sicheren, familienkompatiblen Job führten. Dann hatte ich wiederum Glück, nach der Geburt von Fred in Frankreich zu wohnen, ihn betreuen zu lassen und weiter schreiben zu können. Eine in meinem Beruf nahezu existenzielle Entscheidung – wer jahrelang keine Texte mehr angeboten und geschrieben hat, wird es auf dem heiß umkämpften Medienmarkt sehr schwer haben. Vielleicht hätte ich in Deutschland auch nach und nach meine Passion aufgeben müssen und nur noch einige PR-Texte geschrieben, bevor ich Fred um 14 Uhr aus der Kita hätte abholen müssen. Und ich hätte damit einfach zur normalen Mütter-Mehrheit gehört.

Französinnen hingegen wiederholen das, was sie selbst erfahren und gesehen haben – schon ihre Mütter gingen arbeiten. Mathildes Mutter ist selber Medizinerin mit eigener Praxis, Célines Mutter arbeitet Vollzeit als Sprechstundenhilfe. Kaum eine, deren Eltern nicht beide arbeiten gingen. Das wirkt auch schon bei den Männern unserer Generation. „Ich hätte es seltsam gefunden, wenn Marie hätte zuhause bleiben wollen", sagt Philippe. Und Greg meint: „Mir wäre das fast egoistisch von meiner Frau vorgekommen, alleine das Geld nach Hause bringen zu müssen." Französische Männer gehen wie selbstverständlich davon aus, eine arbeitende Partnerin zu finden.

Das Zuhausebleiben ist wahrlich kein Naturgesetz, sondern politisch von der Bundesregierung verantwortet. Ihre Debatten und Gesetze geben vor, was die Bürgerinnen und Bürger für möglich halten. Denn auch heute noch zeigt sich, wie sehr Familien in Ost- und Westdeutschland unterschiedlich geprägt sind. Forscher stellen in aktuellen Studien mit großer Überraschung fest, dass mehr als zwanzig Jahre nach der Wende ostdeutsche Frauen und Männer deutlich häufiger daran glauben, auch mit einem vollwertigen Beruf Kinder großziehen zu können. Und zwar mit einem vollwertigen Beruf *beider* Eltern. Ein Erbe der sozialistischen Regierung. Sie hatte Krippen geschaffen und in Kampagnen die Frauenarbeit beworben – und langfristig hat die Bevölkerung diese Umstellung begrüßt. Die fortschrittliche Ideologie überdauerte den Umsturz des Systems.

Während nahezu alle wirtschaftlichen Betriebe von westdeutschen Konzernen geschluckt wurden, haben die meisten Krippen in Ostdeutschland überlebt. Heute gehen dort knapp vierzig Prozent aller unter dreijährigen Kinder in den Hort, während es im Westen nur zehn Prozent sind. Die Bürgerinnen und Bürger haben die sozialistische Lebensweise, in der Frauen als Arbeiterinnen und nicht nur als Mütter wertgeschätzt wurden, angenommen und sind bis heute davon überzeugt. „Ostdeutsche verteidigen deutlich häufiger gleichwertige Rollen für Männer und Frauen als Westdeutsche", heißt es im Fazit einer Studie.

Würde die Bundesregierung also mehr Krippenplätze schaffen, stiege auch die Akzeptanz dafür im Laufe der Zeit automatisch an. „Ein Kind gehört zu seiner Mutter", pflegte ihr Vater Willi sehr zum Leidwesen meiner Mutter zu sagen – und hielt seiner Tochter vor, nicht wie ihre Schwester zuhause zu bleiben und sich dem Nachwuchs zu widmen. Willi selbst hatte mit sechzehn Jahren eine Ausbildung zum Schlosser gemacht und arbeitete jahrzehntelang für das Opel-Werk in Bochum. Als er in Rente ging, war er stolz auf die schmiedeeiserne Urkunde seiner Kollegen, er hatte „sein Lebenswerk vollbracht", wie er sagte. Meine Oma aber blieb mit der ersten Schwangerschaft im Alter von zwanzig Jahren zuhause, die meisten Familienmitglieder konnten sich später gar nicht mehr erinnern, ob sie überhaupt eine Ausbildung gemacht hatte. Ich selbst hatte meine Mutter erst nach dem Tod meiner Großmutter danach gefragt, es war einfach kein Thema. Oma war die berufslose Frau, die ganze Horden von Geburtstagsgästen und Kollegenrunden meines Opas bekochte und unsere Winterjacken strickte. Als mein Opa in Rente ging, änderte sich nichts daran. „Sie war eine liebe Frau", sagte mein Opa über sie, und er hat sie nach ihrem recht frühen Tod schrecklich vermisst.

Aber heute, mit fast neunzig Jahren, wandelt sich auch die Meinung meines Großvaters langsam. Zumindest ein bisschen. Ich erzählte ihm, wie gut sich Fred in der französischen Kita fühle und dass er sich jeden Morgen freue, wenn wir den Raum mit seiner geliebten Rutsche und vor allem zehn weiteren herumtollenden Kindern betreten. „Das ist heute ja auch anders als früher", sagte mein Großvater versöhnlich. „Früher konnten die Kinder auf der Straße spielen, da musste die Mutter nicht die ganze Zeit gucken, da waren kaum Autos unterwegs. Und die Nachbarkinder spielten auch noch mit." Okay, das waren zunächst alles Argumente, die eine Betreuung nicht besser, aber das heutige Zuhausebleiben schlechter machen. Aber dann hatte mein Opa doch noch die entscheidende Erfahrung gemacht: „Ihr seid ja auch ganz gut geraten, obwohl eure Mutter (seine Tochter) gearbeitet hat. Ist also alles nicht so schlimm." Diese Wandlung eines 89-Jährigen finde ich bemerkenswert. Und sie stimmt optimistisch.

Sollte Deutschland in einigen Jahren seine Krippen so weit ausbauen wie die Franzosen, werden die Bürgerinnen und Bürger dies auch zu schätzen lernen, davon bin ich überzeugt. Und tatsächlich zeigen Länder, in denen Mütter häufiger arbeiten, auch eine erhöhte Geburtenzahl: Laut der Philosophin Badinter hängen diese beiden Dinge unbestreitbar zusammen. Ich finde das sehr nachvollziehbar: Hätte ich nach meinem ersten Kind meinen Beruf für mehrere Jahre an den Nagel hängen müssen, hätte ich das zweite sicherlich nicht bekommen wollen. So wird ein Kind mehr in Frankreich geboren, das in Deutschland keine Chance gehabt hätte. „Die deutsche Familienpolitik ist angesichts ihres geringen Einflusses auf die Fertilität gescheitert", sagt der Demograf Jürgen Dobritz. Sie habe zu lange auf einseitige finanzielle Anreize und das männliche Ernährermodell gesetzt. „Frauen in Deutschland werden gezwungen, sich zwischen Beruf und Kind zu entscheiden, und verlassen häufig den Arbeitsmarkt, wenn sie ein Kind gebären."

Nackte Zahlen sprechen schon lange dafür, Frauen zu einem eigenen Einkommen zu ermutigen: Kinder sind teuer, aber am teuersten sind nicht die Windeln, die Fußballschuhe oder die zusätzliche Kartoffelportion am Abend: Am teuersten ist der Lohnverlust für Frauen, die nach der Geburt drei Jahre zuhause bleiben und dann über weitere drei Jahre noch Teilzeit arbeiten. Das Hamburgische Weltwirtschaftsinstitut, eine eigentlich grundkonservative Institution, hat einmal berechnet, wie sehr es Familien finanziell belastet, wenn die Mütter drei Jahre nach der Geburt zuhause bleiben und weitere drei Jahre Teilzeit arbeiten. Wenn Frauen mit hoher Ausbildung sechs Jahre lang zurückstehen, verlieren sie insgesamt 181 455,83 Euro. Mütter mit mittlerer Bildung kostet dies sogar 193 899,72 Euro. Diese enormen Summen kommen nicht nur zustande, weil die Frau während der Babypause nichts und anschließend in Teilzeit weniger verdient. Sekretärinnen, Verkäuferinnen, Handelschefinnen und bestimmt auch Journalistinnen werden nach ihrer Rückkehr geringer geschätzt als vorher. „Entwertung ihres Humankapitals", so heißt dies beim Weltwirtschaftsinstitut. Je länger die Frau ihre Arbeit unterbricht, je niedriger ist ihr Einstiegslohn. „Der Arbeitsmarkt straft Erwerbsunterbrechungen mit Lohnabschlägen", steht dort. „Der Arbeitsmarkt" – das klingt sehr abstrakt, dabei sind es die Personalchefs und vielleicht auch einige Chefinnen, in deren Augen ihre mütterlichen Angestellten weniger wert sind.

Ich zweifele nicht an der Studie. Als ich nach einem fünfmonatigen Mutterschutz wieder Texte bei meinen früheren Kunden anbot, hatte sich schon vieles geändert. Die Nachrichtenagentur DAPD, bei der ich fortan eine monatliche Pauschale für Berichte aus Frankreich beziehen sollte, war inzwischen insolvent gegangen. Weil das Jobangebot während meines achten Schwangerschaftsmonats kam und ich den Start um sechs Monate verschieben musste, hatte ich nichts in der Hand. Kugelrund und dauermüde hatte ich nicht ausdauernd genug nach einem Vorvertrag gefragt. Die mündliche Zusage aber war im anschließenden Insolvenzverfahren nichts wert, ich erhielt keine Abfindung. Meine Arbeit für eine Tageszeitung als Sportreporterin hatte sich auch erledigt – den Job hatten inzwischen andere freie Journalisten übernommen, meist männlich, verfügbar und jedenfalls am richtigen Ort zur richtigen Zeit. Wie schwierig wäre meine Rückkehr erst nach einem oder gar drei Jahren geworden? Arbeitsschutzgesetze gelten für selbständig Arbeitende wie mich ohnehin nicht.

Französinnen kehren früher wieder zurück und kennen daher diese Probleme weniger. Gängige Ratgeber bieten viele Tipps, wie die Rückkehr in den Job gelingen kann. Wie so häufig stehen die Eltern im Mittelpunkt. In einem Kapitel über den Schlaf von Babys heißt es: „Häufig fängt die Arbeit der Mütter wieder an, wenn das Baby drei Monate alt ist. Es ist also wichtig, dass die Familie wieder schlafen kann, das Baby sollte lernen, sich zu gedulden und seinen Rhythmus für die Nacht zu finden." Das Buch *J'élève mon enfant* („Ich ziehe mein Kind auf") ist ein echter Klassiker und wird jedes Jahr neu aufgelegt – und wie in vielen Büchern legt auch dieses den Eltern nahe, das Kind möglichst selbständig zu erziehen. „Das Kind muss lernen, selbst einzuschlafen, denn nur so kann es dies auch nach einem kurzen Aufwachen in der Nacht wieder tun. Wenn Sie Ihr Baby müde hinlegen, wird es vielleicht noch ein wenig weinen. Kann es sich auch nach ein paar Minuten nicht beruhigen, gehen Sie zu ihm und trösten es, ohne es aus dem Bett zu nehmen. Ihr Kind wird selbständig und insgesamt froh sein, diese Etappe alleine zu schaffen. Und Sie haben ihm geholfen, diese Fähigkeit zu erlangen. Das ist ein großer Fortschritt."

Die arbeitenden Paare im französischen Freundeskreis haben häufig ganz klare Abmachungen, wer sich wann um die Kinder kümmert. Bei deutschen Paaren ist es oft ein ungeschriebenes Gesetz, dass die Frau einspringt, wenn das Kind Fieber hat oder hitzefrei oder eine seltsame Lebensmittelallergie. Wir glauben, nicht alles ausdiskutieren zu müssen, und wir glauben daran, individuelle, partnerschaftliche Lösungen zu finden. Unsere Partner glauben, für Fieber-Hitze-Allergie-Probleme werden sich individuelle, mütterliche Lösungen finden. Ungeschriebene Gesetze bevorzugen häufig die Bessergestellten, in dem Putz- und Kinderumsorg-Fall also ganz klar die Männer. Französinnen beugen dem vor. Sie vereinbaren zum Beispiel schon am Wochenende, wer sich in den kommenden Tagen um die Kinder kümmert, falls eines krank werden sollte, wer die Einkäufe erledigt und sich um die Impfung für das Jüngste sorgt. „Am Anfang erschien es uns auch seltsam, mit unseren Kalendern am Küchentisch zu sitzen wie in einem Meeting. Aber nur so haben wir es gleichberechtigt hingekriegt. Und wenn plötzlich etwas schiefgeht, die Masern ausbrechen oder die Kita streikt, verfallen wir nicht in Alarmismus, sondern sind vorbereitet", sagte eine Freundin.

Manchmal übertreiben Französinnen mit ihrem toughen Arbeiten. Manche tun so, als sei die Geburt und Schwangerschaft ein Pappenstiel. Berühmt-berüchtigt wurde die ehemalige Justizministerin Rachida Dati. Sie war eine durch und durch ungewöhnliche Mutter: Mit 43 Jahren wurde sie zum ersten Mal schwanger, und das zu einem Zeitpunkt, als sie offiziell ledig war. Lange Zeit hielt sie den Vater ihrer Tochter geheim. Die konservative Politikerin boxte zunächst mit hochschwangerem Bauch ihre Reform der Gerichtsbezirke in Frankreich durch. Einen Tag vor der Geburt debattierte sie noch in der Nationalversammlung. Schließlich brachte sie zwei Wochen zu früh ihre Tochter Zohra zur Welt. Fünf Tage nach der Geburt erschien sie, im engen schwarzen Kostüm und auf hohen Stöckelschuhen, wieder zum ersten Ministerrat des Jahres in Paris.

Diese Rasanz erschreckte sogar Franzosen. Ich selbst kam erst fünf Tage nach der Geburt aus dem Krankenhaus nach Hause. Am sechsten Tag schlich ich mit Hans und unserem Neugeborenen unendlich langsam ins Dorf und zurück, wir brauchten rund eine Stunde für den Kilometer. Ich hätte nicht arbeiten können und vor allem auch nicht wollen, wir beide mussten uns an unsere neue Situation zu dritt erst langsam gewöhnen, wir mussten Schlaf nachholen und den Kleinen verstehen lernen. Für mich war der Auftritt Datis nie so unverständlich wie in jenen Tagen. Aber er zeigt, wie sehr die französische Gesellschaft, ja die französische Frau darum ringt, wieder sofort als Teil der arbeitenden Gesellschaft ernst genommen zu werden.

Bei der deutschen Diskussion wird ein wichtiger Punkt immer gänzlich ausgespart: Wie viel Männer verlieren, wenn ihre Frauen zuhause bleiben. „Ich bin sehr froh, dass du auch arbeitest. Sonst wäre unser Sohn total auf dich fixiert", sagte Hans einmal. Kinder hängen an den Personen, mit denen sie Zeit verbringen. Ist das immer die Mutter, kann der Vater nur eine Nebenrolle spielen. Er ist dann der lustige Typ, der am Wochenende Flugdrachen steigen lässt oder abends Memory spielt, aber er ist nicht derjenige, nach dem die Kleinen in der Nacht schreien, wenn sie einen Alptraum haben. Dabei ist es auch für die Mütter unheimlich entlastend, wenn der Vater genauso gut mit den Kindern alleine gelassen werden kann. Häufiger habe ich beobachtet, wie Französinnen schon im ersten Kindesjahr ein Wochenende mit ihren Freundinnen wegfahren, wie früher, oder wie sie einige Tage auf Dienstreise oder auf Fortbildung sind. Viele deutsche Freundinnen können sich das nicht erlauben – einfach, weil das Kind nicht vom Vater ins Bett oder umstandslos durch den Tag gebracht werden kann.

Ich würde mich eingesperrt fühlen, wenn ich das Gefühl hätte, nicht mehr alleine aus dem Haus gehen zu können. Nicht, dass ich noch ständig ausgehen würde. Im ersten Lebensjahr von Fred war ich vielleicht insgesamt sieben oder acht Mal abends alleine unterwegs, erst im zweiten über Nacht. Aber ich hätte diese Option gehabt, wenn es mir wichtig gewesen wäre – weil Hans und ich für Fred die absolut selbe Rolle spielen.

Zugleich sind sich Eltern ebenbürtiger, wenn beide arbeiten gehen. Maries Mann Philippe hat es mal drastisch ausgedrückt: „Ich würde mich langweilen mit einer Frau, die sich nur um die Kinder kümmert. Was erzählt sie mir abends? Okay, die neuesten Entwicklungen unserer Kurzen, das ist interessant. Aber Maries Entwicklung und Entfaltung, die fehlt ihr. Und mir dann auch."

Das verständige Kind

*"Jedes Kind kommt auf die Welt,
um sie mit etwas Neuem zu bereichern."*

Françoise Dolto, französische Kinderärztin

Fred fiel es zunächst sehr schwer, in die Kita eingewöhnt zu werden. Während er die ersten Stunden fröhlich alleine mit den anderen Kindern verbrachte, schien er am dritten Tag zu merken, dass er nun öfter ohne uns seine Zeit verbringen sollte. Offenbar machte ihm das Angst. Von nun an weinte er jedes Mal, wenn wir uns entfernten, und es tat uns in der Seele weh. Wenn wir einige Stunden später wieder kamen, hatte er nicht eine Minute geschlafen. Schon auf den ersten Metern bei uns im Tragerucksack krümmelte er sich zusammen und döste sofort ein. So ging das fünf Tage lang, nie konnten und wollten wir ihn länger als einen kurzen Morgen dalassen. An einem Freitagmittag sagte die Leiterin zu mir: „Vielleicht können Sie ihm die neue Situation noch besser erklären. Sagen Sie ihm am Wochenende immer mal wieder, dass er das Recht hat, in der Kita zu spielen und zu schlafen. Dass Sie sich freuen, wenn er in die Kita geht." Ich war überrascht. Bis dahin hatte ich ihm nur recht wenig erklärt, ich hatte nur auf dem Weg gemurmelt, dass wir nun in die Kita gingen und ich ihn wenig später wieder abholen würde.

Am Samstag und Sonntag wiederholten Hans und ich beide immer wieder, wie schön die Kita sei. Fred guckte uns mit großen Augen an, und ich fühlte mich etwas seltsam. „Wir freuen uns, dass du in der crèche bist. Du kannst dort spielen und schlafen, wie du willst. Und jeden Nachmittag holen wir dich wieder ab", sprachen Hans und ich abwechselnd. „Das versteht der doch noch gar nicht", meinten unsere Eltern, und auch wir waren skeptisch.

Am Montag schrie Fred wie gewohnt beim Abschied herzzerreißend. Aber um 11 Uhr rief mich die Leiterin Gaël an. „Fred ist vor ein paar Minuten eingeschlafen und kann nun bis nach dem Mittagessen bleiben."

Ob es an unseren Erklärungen lag? Vielleicht hatte der Kleine doch mehr verstanden, als wir zunächst glaubten. Franzosen nehmen ihre Kinder von Anfang an sehr ernst. Sie sind mit Rechten und Pflichten ausgestattet und vollwertige Personen. Sie haben das Recht, in der Kita zu spielen, am Erwachsenentisch zu essen und mitzufeiern, sie haben die Pflicht, die Puzzleteile wieder einzuräumen und „merci" zu sagen. Sie sind Teil des Lebens ihrer Eltern. Ein Leben, das um eine vernunftbegabte Person erweitert wird.

Für mich war dies eine angenehmere Erfahrung, als zu denken, uns wurde ein kleines unverständiges Wesen geboren. Oder sogar ein kleines Tier, wie ein Onkel mal von mir sagte. Fred schon als kleines Baby als denkfähig zu betrachten, erleichterte mir den Alltag mit ihm. Ich konnte ihm Dinge erklären und mich weniger sorgen.

Franzosen glauben fest an ihr einsichtiges Kind. So stellen sie auch nicht ihr Haus auf den Kopf und räumen die geliebten CDs oder Bücher zur Seite, wenn der Kleine plötzlich beweglich wird. Wir machten uns – mal wieder – mehr Sorgen als nötig. Als Fred anfing zu krabbeln, rieten uns Familie und Freunde dazu, unsere Bücherwände zu sichern, die Setzlinge unserer Tomaten auf der Terrasse hochzustellen und die scharfen Kanten unseres Esstisches abzusichern. „Wir müssen wohl kleine Zäune aufstellen, damit Fred nicht den steilen Abhang herunterfällt", sagte ich zu Lise, als wir auf unseren abschüssigen Garten guckten. „Wieso denn? Du kannst ihm das erklären, er wird es schon verstehen."

Schließlich machten wir es tatsächlich wie Mathilde und Céline und Julie und Lise und veränderten wenig an unserem Haus. Lediglich die Putzmittel stehen nicht mehr im Badezimmerschrank, sondern unzugänglich auf der Waschmaschine. Und das Wunder geschah: Fred rollte nicht den steinigen Abhang herunter. Wir erklärten ihm, die Bücher im Regal zu lassen, und auch das respektierte er. An der Tischkante hat er sich nur einmal gestoßen, seitdem zeigt er immer mit seinem kleinen Finger darauf und sagt „Aua".

Auch an unserem Hobby, dem Gemüsegarten, konnte Fred schon viel früher teilhaben, als ich es mir erträumt hatte. Wir haben einen Horror vor der Nahrungsmittelindustrie und versuchen also, uns selbst zu ernähren. Zudem gedeihen in Südfrankreich Tomaten, Auberginen und Zuckerschoten so gut, und das Wetter ist häufig milde genug für ein wenig Erdarbeit. Kurz vor der Geburt befürchtete ich noch, unser neues Steckenpferd nun bald wieder aufgeben zu müssen – wie sollte ich säen, gießen, pflanzen und ernten mit einem Säugling? Aber das war mal wieder zu viel der Sorge. Als Fred ein paar Monate alt war, banden wir ihn abwechselnd im Trageschal auf den Rücken, meistens döste er und war sehr zufrieden im Garten, selbst bei Nebel oder Nieselregen. Viel zufriedener, als im Wohnzimmer auf der Spieldecke zu liegen und einen Bogen mit Holzfiguren anzugucken. In seinem zweiten Lebensjahr, als er anfing zu laufen, fürchteten wir schon, die Großeltern müssten unbedingt einspringen, wenn wir unsere Setzlinge pflanzen und die Rankgerüste aufbauen wollten. Ich hatte Angst, Fred würde die zarten Pflänzchen aus dem Boden reißen oder mit seiner Schüppe auf die Beete hauen, bis dort alles zu einem breiigen Kompost degeneriert sei. Aber das war ein Irrtum. Fred klebte einfach nur eifrig an unserer Seite und versuchte alles nachzuahmen, was er uns machen sah.

Er darf mit einer kleinen Schüppe selbst Erde in die vorbereiteten Löcher schaufeln und sie später gießen. Er darf Cocktailtomaten ernten und dicke Bohnen aus der Schote puhlen. Natürlich brauchen wir viel länger für unser Beet als ohne Kind. Und natürlich war Fred nach dem ersten Gießversuch patschnass, und er musste gewickelt werden, dann wieder hatte er Durst, dann musste er Vögel beobachten und zeigte so lange auf alle Blumen, bis wir gefühlt unendlich häufig „Gänseblümchen, Löwenzahn, Gras, Klee, Tagetes, keine Ahnung" benannt hatten. Aber am Ende des Tages waren alle Gemüse gesetzt, gedüngt, gewässert und wir drei hatten einen wunderbaren Tag verbracht. Früher hätte ich mir das kaum vorstellen können.

Inzwischen gehen auch viele Pädagogen außerhalb Frankreichs davon aus, dass Kinder viel vernunftbegabter sind, als wir alle lange Zeit annahmen. Der Däne Jesper Juul plädiert dafür, schon mit ganz jungen und auffälligen Kindern ernsthaft zu sprechen. „Ich weiß, es geht dir momentan nicht gut. Möchtest du mir davon erzählen?", „Was fehlt dir?", so könnten die Eltern beispielsweise fragen. Das Wichtigste sei nicht der Inhalt des Gespräches, sondern das Gefühl für das Kind, jemand interessiert sich für mich, meine Meinung ist wichtig. Und Juul ist optimistisch: „Achtzig Prozent der Kinder sind schon am kommenden Tag viel ruhiger, ihnen geht es besser."

Juul meint, Eltern sollten ihren Kindern zuhause zeigen, was es bedeutet, erwachsen zu sein. Das aber geschehe nur, wenn die Eltern sich die Zeit nähmen, erwachsene Dinge zu tun, wenn sie mit ihren Kindern zusammen sind. Nur so könnten sie lernen, wie Erwachsene zusammen zu leben, sich um den Haushalt, ihre eigenen Belange und persönlichen Interessen zu kümmern.

Franzosen scheinen diesem Ideal zu folgen. Manchmal bis ins Extreme: Meine Pariser Freundin Juliette hat ihrer Tochter schon ganz früh beigebracht, bei Rot über die Ampel zu gehen. „Sie wird es sowieso tun, also ist es besser, ihr zu zeigen, wie sie gefahrlos über die Straße kommt." Tatsächlich ist die rote Ampel, an der alle Menschen pflichtbewusst stehen bleiben, in Frankreich nicht mehr als ein Gassenhauer. Sie gilt als Inbegriff der deutschen Korrektheit. „Kannst du dir vorstellen: Es war sieben Uhr morgens und vielleicht Null Grad, wir standen alle schlotternd an der Kreuzung, und kein Auto war weit und breit in Sicht. Wir haben trotzdem gewartet, bis die Ampel gefühlte fünf kalte Minuten später auf Grün umsprang", erzählte mir Julie über ihren lange vergangenen Schüleraustausch nach Hamburg. Aber die rote Ampel ist nicht nur ein Bildnis dafür, wie genau sich Deutsche an Regeln halten – ein Wesenszug, den wir nach einigen Jahren mit chaotischen und unvorhersehbaren französischen Handwerkern, Lieferanten und Bekannten heute zu schätzen wissen. Die missachtete rote Ampel steht auch dafür, schon Kinder sehr ernst zu nehmen und sie pragmatisch in die Welt der Erwachsenen einzuführen.

Dazu gehört auch, dass Eltern nicht immer ansprechbar sind. „Tu ne coupes pas la parole" – „Du unterbrichst nicht eine Unterhaltung", ist ein Satz, den ich ständig in der Kita und im Supermarkt höre. Kinder können früh verstehen, nicht immer die Hauptrolle zu spielen – und Eltern können sich beispielsweise am Abendbrottisch ernsthaft über ihren jeweiligen Tag unterhalten, auch wenn die Kleinen mitessen. „Ein Kind kann schon in sehr jungem Alter lernen, dass es am Tage Zeiten gibt, die für die Eltern reserviert sind und dass es sich nicht immer zwischen sie stellen kann", heißt es in einem sehr populären französischen Ratgeber.

Das ist eine sehr angenehme Sichtweise. Wenn wir zu Freunden gehen und einen Apéro trinken – der deutsche Kaffee- und Kuchentreff ist in Frankreich wenig verbreitet –, können wir uns auch bei sechs, sieben oder acht anwesenden Kindern vernünftig unterhalten. Die Kinder spielen vor sich hin, und wenn sie hinfallen oder sich untereinander streiten, werden sie natürlich getröstet oder die Eltern sagen mal: „Teilt euch das Spielzeug." Aber es sind kurze Eingriffe – und wenn Kinder zu häufig dazwischenquatschen, wird ihnen mehrfach und ernsthaft gesagt, dass sie nicht die Unterhaltung stören sollen. Unser Sohn war dann zumeist derjenige, der am häufigsten zu uns kam und uns ansprach. Am Anfang dachte ich entschuldigend, er sei vielleicht besonders schüchtern und brauche in der Gruppe unseren Zuspruch. Schüchtern ist er auch sicherlich, aber wir hatten ihm vielleicht auch seltener gezeigt, dass er neben den Erwachsenen sein eigenes Ding drehen soll und wir ungestörte Zeit für uns haben möchten.

Interessanterweise wird auch den Kindern selbst das Recht zugesprochen, sich mal abzukapseln. „Das Kind hat ein ‚vie privée – ein Privatleben'", werden französische Psychologen nicht müde zu beteuern. In einem Erziehungs-Klassiker heißt es: „Auch ein ganz kleines Kind hat das Recht auf ein Privatleben. Es darf Geheimnisse haben, es darf vor sich hinträumen und sich unbeobachtet in eine Ecke verkrümeln. Und die Eltern sollten immer klopfen, bevor sie in sein Zimmer stürmen – so, wie sie es selbst auch dem Kind beibringen werden."

Das Kind ernst zu nehmen, verpflichtet die Eltern auch, es mehr einzubeziehen und mehr zu erklären. Ganz häufig signalisieren sie ihm, verstanden zu haben, was es in dem Moment will, dass dieser Wunsch aber nicht zu erfüllen ist. „Ich verstehe, dass du mit deinem Sonnenhut gerne Wasser schöpfen möchtest, aber das geht nicht, du musst ihn aufsetzen. Sonst bekommst du Kopfweh", sagt Mathilde zu ihrem Sohn Tom am Planschbecken.

Alles erklären zu wollen, macht die Dialoge zuerst etwas umständlicher. Manchmal muss ich darüber schmunzeln, wie Franzosen auch die kleinsten Kinder mit einbeziehen. Als ich mit unserem zweiten Kind gerade in der zehnten Schwangerschaftswoche war, schenkte uns Marie ein Buch für Fred. „Ich erwarte ein Geschwisterchen", las ich die bunten Lettern auf dem Titelbild vor. „Ihr habt ihm doch sicher schon von dem Baby erzählt, oder?" Ich schüttelte den Kopf. Marie riss die Augen auf und schlug sich die Hand vor den Mund. Philippe guckte seine Frau strafend an. „Oh, das tut mir wirklich leid, jetzt hat er es von uns erfahren." Marie beugte sich zu dem knapp Zweijährigen hinunter. „Guck mal Fred, da" – sie zeigte auf meinen noch flachen Bauch – „wächst gerade ein kleines Baby heran. Du bekommst einen neuen Freund im Haus", sagte sie. „Freund", sagte Fred und zeigte auf meinen Bauch. „Genau", sagte Marie, wieder sichtlich zufrieden.

Wieder einmal scheint die französische Kinderärztin Françoise Dolto ihre Landsleute dauerhaft beeinflusst zu haben. Als sie in den 1950er-Jahren zu arbeiten begann, verbreitete sie revolutionäre Ideen: Sie besuchte Heime, in denen die Kleinen noch auf dem Bett angekettet wurden und in denen die Pflegerinnen sie zwar wuschen und fütterten, aber kein Wort und keine Zärtlichkeit für sie übrig hatten. Jede Woche starben Kinder, viele konnten mit einigen Jahren immer noch nicht sprechen und nässten das Bett bis hin zur Grundschulzeit ein. „Ihr müsst mindestens fünf bis zehn Minuten mit den Babys schmusen und ihnen alles erklären", sagte sie zu den skeptischen Krankenschwestern, damals noch mit Haube auf dem Kopf. „Sie werden von uns sehr gut gepflegt", erwiderten diese, aber Dolto ließ nicht locker: „Sie müssen sie wie kleine, liebesbedürftige Personen behandeln, nicht wie Pflegefälle." Sie beugte sich über die Neugeborenen, die von den Eltern ins Heim gegeben wurden, und erklärte ihnen: „Deine Mutter liebt dich sehr, aber sie kann sich nicht genug um dich kümmern. Deshalb wirst du nun in diesem Heim groß. Wir sind froh, dich hier zu haben." Dolto setzte auch durch, die Älteren nach ihren Ängsten und Wünschen zu befragen. Teenager fing sie sogar an zu siezen, um ihnen Respekt zu zollen.

Die umstehenden Ärzte lachten Dolto aus. Ende der 1950er-Jahre war sie nahezu die einzige Frau in dem konservativen old-boys-Club der Pariser Psychiater. Ihre Ideen wurden verunglimpft und bei Versammlungen lächerlich gemacht. Aber Dolto hatte spektakulären Erfolg: In ihrem Heim starb kein Kind mehr, ihre Schützlinge fingen sehr viel früher an zu sprechen und sauber zu werden als zuvor, die meisten konnten nach ein paar Monaten wieder normale Schulklassen besuchen. „Ein Kind ist eine vollständige Person, der wir zuhören und alles erläutern müssen." Dolto erwartete denselben Respekt auch von ihren kleinen Patienten. Sie sollten ihr zu jeder Therapiestunde eine persönliche Anerkennung mitbringen: eine Murmel oder eine Briefmarke oder einen schönen Stein.

„Tout est langage", sagte sie und meinte damit, dass auch Babys schon kommunizieren, selbst wenn sie noch keine Worte formen können. Wenn sie auf allen Vieren krabbeln, signalisierten sie zum Beispiel, unabhängiger von den Eltern zu werden und ein wenig Freiheit zu spüren. Dolto hat den Eltern nahegebracht, schon mit den Neugeborenen, ja sogar mit den Ungeborenen zu sprechen – das waren damals, als die Babys vor allem satt und sauber sein sollten, revolutionäre Gedanken. Folgerichtig empfing sie in ihrer Praxis auch schon Ein- oder Zweijährige – und beeinflusste mit ihren Methoden bis heute die französische Gesellschaft. Auch in unserer Kita arbeitet eine Kinderpsychologin, die schon im ersten Lebensjahr die Kinder beobachtet und gegebenenfalls uns Eltern berät, wenn wir das wünschen.

Mit der Zeit nahmen wir uns ein Beispiel an den französischen Eltern und erklärten Fred möglichst viel. Viel mehr, als uns vielleicht in den Sinn gekommen wäre. Ob eine Reise bevorstand oder wir nachmittags Freunde treffen wollten – immer sollte er selbst als Baby wissen, wie die nächsten Stunden ablaufen würden. Wenn Fred damals noch recht unverständlich nach Weintrauben quengelte, sagte ich: „Ich habe verstanden, dass du Trauben möchtest. Aber wir essen gleich zu Abend, du kriegst sie zum Nachtisch." Und er hörte dann tatsächlich schneller auf, als wenn ich nur gesagt hätte: „Nein, das geht nicht." Jedes Mal, wenn ich mir die Zeit genommen habe, Fred alles ausführlich darzulegen, schien er es zu verstehen und besser mitzumachen. So wehrte er sich am Anfang noch mit Händen und Füßen dagegen, die Zähne zu putzen. Jeden Morgen und Abend hatten wir einen kleinen Kampf im Badezimmer. „Non, non", sagte er bestimmt und wandte sein Gesicht ab, oder er rannte ins Wohnzimmer und zog sich ein Bilderbuch aus seinem Regal. Erst als ich ihm schon beim Frühstück erklärte, wie wichtig die Zähne zum Essen seien und wir sie deshalb sauber halten müssten, trotzte er weniger. Einfach ist es noch immer nicht – aber ich habe das Gefühl, er hat uns verstanden und fühlt sich nicht einfach nur gegängelt.

Und wir sind auch weniger gegängelt. Wer Kinder als verständig wahrnimmt, hat auch als Eltern ein unbekümmerteres Leben. Ich muss nicht mehr mit Schrecken dem neuen Kita-Jahr entgegensehen und denken, nach der Sommerpause hat er alles vergessen und muss wieder neu eingewöhnt werden. Nein, ich denke, wir werden es ihm ausreichend erklären – und selbst, wenn er am ersten Tag ein paar Tränchen verdrückt und nicht sofort wie sonst vom Arm in die Spielecke springt, wird er nach ein paar Tagen verstanden haben, dass er spielen kann und wir ihn abends wieder abholen.

Diese wohlwollende Haltung macht die französischen Kinder auch selbständiger. Die Leiterin unserer Grundschule im Dorf fährt mit der Klasse der Vierjährigen für zwei Wochen in eine Berghütte. Mit vier Jahren! Ich war schockiert, als mir Marie davon erzählte. „Aber das ist doch noch total früh, und gleich zwei Wochen", wandte ich ein. „Und du darfst nicht einmal anrufen", stichelte Marie. Am Wochenende dürften die Eltern aber für einen Tag dazukommen. „Zwei Wochen", murmelte ich, noch immer ein wenig fassungslos. „Und das mit vier Jahren!"

Die Schulrektorin ist auch Vorsitzende des „Festivitäten-Vereins" im Dorf. Sie ist also immer da, wo etwas los ist: auf den Märkten, den Chansons-Abenden, dem Ostereiersuchen auf dem Feld, dem Lotto-Abend. Vor allem aber ist sie begeisterte Pädagogin. „Die zwei Wochen tun den Kindern richtig gut", sagt sie. „Viele Kinder, die zu symbiotisch mit ihren Eltern waren, sind anschließend komplett selbständig. Sie putzen sich alleine die Zähne, sie schlafen ohne stundenlange Gutenachtlieder ein und sie essen besser. Einfach weil sie von der Gemeinschaft lernen. Es kommt darauf an, ihnen vorher die Fahrt als schönen Ausflug zu erklären. Wir haben nur ganz selten weinende Kinder am Reisebus – es sind eher die Eltern, die sich schlechter trennen können. Und die am Ende froh sind über die gegenseitige Erfahrung der Selbständigkeit."

Die gegenseitige Selbständigkeit. Vielleicht ist es diese Tandem-Idee, die Frankreich für mich als Mutter, für uns als Familie, so entspannt macht.

Das geteilte Essen

*„Geraspelte Möhren und Zucchini, in Folie
gedünsteter Seehecht an Wildreis mit Bohnen,
Camembert und frische Erdbeeren zum Dessert."*
Menü unserer Kita für die Ein- bis Dreijährigen

Wer in die Kita von Fred kommt, sieht direkt neben der Garderobe mit den bunten Hauspantoffeln den Menüplan der Woche hängen. Für jeden Tag hat die Köchin ein viergängiges Mittagessen geplant, hinzu kommt jeden Nachmittag ein „goûter", eine kleine, meist süße Zwischenmahlzeit gegen 16 Uhr. Ich freue mich jeden Morgen, auf die Tafel zu schauen, so lecker und vielversprechend hört sich das Menü für unseren Sohn an. Als Vorspeise erwartet ihn beispielsweise mit Tomaten und Mozzarella gefülltes Blätterteiggebäck, es folgen gegrillte Putenschnitzel mit Süßkartoffeln und Möhrengemüse, schließlich ein Stück Käse und ein Fruchtjoghurt. Am nächsten Tag sollte es geraspelte Möhren und Zucchini, in Folie gedünsteten Seehecht an Wildreis mit Bohnen, Camembert und frische Erdbeeren geben. Nachmittags wiederum kostet Fred von hausgemachten Sandplätzchen, pürierten Früchten der Saison, Grießbrei, Obstspießen und Gewürzbrot.

Und Freds Kita ist keine Ausnahme. Am Schwarzen Brett der Grundschule ein paar hundert Meter weiter fand ich diesen Menüplan: Chicoréesalat mit Vinaigrette als Vorspeise, Kabeljau mit Mayonnaise, Petersilienmöhren und Vollkornnudeln zum Hauptgericht und zum Dessert ein Naturjoghurt, am folgenden Tag erwarten die Schulkinder Palmenherzen mit Thunfisch als „entrée", gefolgt von einem Omelett mit Käse und grünem Pflücksalat, als Nachtisch wird ihnen cremiger Quark mit Kirschkompott serviert. Es sind Menüs, die in den meisten Restaurants nicht besser und ausgewogener sein könnten. Die französische Küche ist weltberühmt – und richtig gut essen auch schon die kleinsten Kinder. Vielleicht ist dies der augenfälligste Unterschied, der sich deutschen Urlaubern in Frankreich bietet: Sie sehen Kinder, die im Restaurant den Salat ebenso essen wie ihre Eltern, die vier Gänge lang am Tisch sitzen können. So ein entspanntes, gemeinsames Essen reduziert die familiären Stressmomente enorm.

Wie die französischen Familien dies anstellen, können sie mir selbst kaum erklären. „Wieso? Sie essen einfach mit", sagen sie, überrascht über die Frage. „Was sollten wir denn schon Besonderes machen?" Dabei ist Essen ein sehr sensibles Thema für jede Familie. Für kleine Kinder, die im Laufe des Tages doch recht wenig selbst entscheiden können, ist es eine Bastion der Macht. Sie können ihre Eltern mit Nicht-Essen oder selektivem Essen in die Verzweiflung treiben. Wer nicht gut futtert, wird beschimpft, neu bekocht, bestraft oder gelockt. In jedem Fall reagieren die Eltern – und nicht selten emotional. Schließlich kommt am Küchentisch auch beständig die Familie zusammen, für die gemeinsamen Mahlzeiten bringen Mütter und einige Väter viel Zeit auf. Nach Daten zum sogenannten „Zeitbudget" des Statistischen Bundesamtes wird „im Rahmen der hauswirtschaftlichen Tätigkeiten für die Beköstigung am meisten Zeit aufgewendet". Familien essen überwiegend immer noch zu Hause.

Das Erfolgsbuch der US-Amerikanerin Pamela Druckerman hieß auf Englisch: *French Children Don't Throw Food* (auf

Deutsch hieß der Titel: *Warum französische Kinder keine Nervensägen sind*). Offenbar war dies unter der Fülle an Ratschlägen von Druckerman ein ganz entscheidender. Gemeinsame Mahlzeiten mit Kindern können uns den letzten Nerv rauben. Druckerman schrieb über den amerikanischen Nachwuchs, der größtenteils auf einer speziellen Diät sei – und frappierend an den deutschen erinnert: Kinder, die nur noch Nudeln oder nur Reis essen, die Kartoffeln und Würstchen getrennt auf zwei Tellern serviert haben wollen, die nur Wurstscheiben mit Gesicht essen oder gar kein Obst, nur rotes oder nur püriertes Gemüse, alles mit Ketchup oder alles trocken ohne jede Sauce. Kaum ein Zweijähriger, der normal, also in etwa so wie seine Eltern isst!

In Frankreich wäre dies undenkbar. „Sie sind schon aus der Kita gewöhnt, dass alle zusammen an einem Tisch dasselbe essen und niemand seine Extraspeise bekommt", sagt Charlotte. Zuhause verfährt sie genauso: Charlotte hat wöchentlich eine Tüte mit Bio-Gemüse abonniert und kocht sich Tag für Tag durch die saisonalen Zutaten. Im Winter gibt es überbackene Pastinaken, im Frühjahr dicke Bohnen mit Würstchen, im Sommer Couscous mit Tomaten und im Herbst Kohleintopf. „Wenn sie nach Hause kommen, haben sie Hunger, also essen sie, was auf dem Tisch steht."

Und auf dem Tisch steht eben das, was Erwachsene auch ohne Kinder essen würden. Französische Eltern passen sich nicht an, essen also nicht plötzlich selbst nur noch Milchbrötchen mit Gesichtswurst. Auch in den Restaurants ist es üblich, Kindern das Erwachsenen-Menü in kleineren Portionen zu servieren. Sehr zur Überraschung deutscher Familien. Als uns meine Schwester mit ihren beiden Kindern in

Frankreich besuchte, gingen wir zur Feier des Tages fein essen. Das Restaurant lag direkt am Meer, und schon zur Speisekarte erhielten wir delikat eingelegte Oliven und frisch gebackenes Brot. Meine damals achtjährige Nichte und mein fünfjähriger Neffe bestellten das Kindermenü und erwarteten Pommes mit Chickenwings und Eis mit Zuckerperlen zum Dessert. „Ich möchte Ketchup dazu", verkündete Tom, schon bevor er überhaupt Platz genommen hatte, und Nele wollte gerne Mayonnaise. Aber das französische Restaurant hatte ein anderes Menü für die kleinen Gäste vorgesehen. Sie erhielten Mangoldsuppe, Reis mit Curryhühnchen und überbackener Tomate und zum Nachtisch Pana Cotta mit Erdbeersauce. Zuerst waren sie etwas enttäuscht, aber dann haben Tom und Nele wie selbstverständlich mitgegessen. Ich glaube, es hat ihnen letztendlich gefallen, am Tisch genauso wichtig genommen zu werden wie wir Großen und ebenfalls drei Gänge zu erhalten.

Für ihre Gesundheit ist dies allemal besser. In deutschen Gaststätten ist das Kinderessen häufig das Minderwertigste der ganzen Karte. Es besteht wahlweise aus Pommes Frites und Chicken Nuggets, aus Nudeln mit Tomatensauce oder Pommes mit Brühwürstchen. Gemüse gibt es dazu eigentlich nie, nur sehr selten mal weichgekochte Möhrenscheiben. Meistens rufen die Eltern den Kellnern schon vom Eingang aus zu, die Pommes doch bitte schon mit den Getränken zu bringen, als bestünde höchste Eile. Hausgemachte Saucen gibt es dazu nicht, stattdessen Ketchup und Mayo aus kleinen Plastiktüten, die jede Kinderhand verschmieren. Vielleicht ist das Kindermahl ein bisschen besser als ein Menü von McDonald's, aber auf jeden Fall ist es wertloser als die Gerichte der Eltern. Als hätten die Restaurantbetreiber selbst Angst, die kleinen Gäste könnten ihr Essen durch die Gegend schmeißen, sobald es keine Pommes mit Ketchup gibt.

Französische Kinder kennen diese Menüs nicht – oder nur aus sehr touristischen Orten. Für sie gibt es viel seltener eine Extrawurst, sie sitzen mit den Erwachsenen am großen Tisch und essen gemeinsam dasselbe Menü, meistens auch sehr gerne. So können lange Menüabende mit den Freunden entspannend sein.

Deutsche Freundinnen erzählen mir hingegen, wie wählerisch ihre Kinder sind und wie kompliziert es ist, alle mit ein und demselben Gericht zufrieden zu stellen. Sabines Zwillinge haben immer mal wieder verschiedene Essensphasen, zuletzt aßen die Dreijährigen nur Bockwürstchen mit Kartoffelpüree. Wenn am Wochenende die beiden Kinder aus der ersten Ehe ihres Mannes zu Besuch sind, wird es kompliziert: Die Tochter ist Vegetarierin, mag aber kaum ein Gemüse außer Cocktailtomaten, der achtjährige Sohn wiederum mag kein Kartoffelpüree. Am Ende bereitet Sabine drei verschiedene Gerichte zu, sie und ihr Mann essen, was übrig bleibt. Ein „plaisir" ist das Essen so höchstens noch für die Kinder. Eigentlich hat Sabine früher gerne gekocht, zu Partys brachte die Biologielehrerin immer die leckersten Salate mit, aber heute bereitet ihr schon das Einkaufen für ein Wochenende mit vier Kindern Kopfzerbrechen. „Ich stand früher gerne in der Küche, weil danach alle herzhaft und gemeinsam zugelangt haben. Heute ist es ein echter Marathon und jedes Mal steht die Frage im Raum: Werden sie den Teller überhaupt anrühren?"

Häufig haben deutsche Kinder am Tisch das Sagen. Eltern erklären ihren Kindern manchmal mit Engelsgeduld die Gerichte und bangen, ob sie wohl akzeptiert werden. „Du kannst ja den Spinat weglassen und nur die Fischstäbchen essen", heißt es dann. Oder auch, ohne dass ihr Kind die Zeit gehabt hätte, sich zu beschweren: „Nein, Mara mag keinen Käse, hast du keine Leberwurst?" Deutsche Familien sind es gewöhnt, für ihre Kinder etwas anderes zu besorgen oder zu Freunden gleich das Lieblingsgericht des Sohnes mitzubringen. Und so sind dann natürlich auch die Kinder konditioniert.

Bevor ich französische Familien traf, hatte ich das ähnlich verinnerlicht. Nicht aus meiner Kindheit – damals teilten auch wir noch unser Essen selbstverständlich mit unseren Eltern. Aber seitdem hat sich viel verändert. Als ich einmal, zu einer Zeit vor Fred, zu meinem Geburtstag eine Grillparty veranstaltete, fragte ich meine französischen Gäste, was ich für ihre Kinder einplanen sollte. Vielleicht Bockwürstchen mit Ketchup? Oder Nudeln? Maiskölbchen? Sie reagierten erstaunt. „Wieso fragst du, was gibt es denn zu essen?", wollten sie wissen. „Wir haben Lammkotteletts von unserem Bauernhof und werden Auberginen und Zucchini aufs Rost legen." „Na, das ist doch prima – wir dachten schon, du machst ein alkoholisches Gericht", erwiderten sie. Außer Schnaps und Bier fiel ihnen partout nichts ein, was ihre Kinder hätten ablehnen können. Später brachten sie alle noch selbst ein Gericht mit – aber keines, das sich an besonderen Vorlieben von Kindern orientiert hätte. Sie hatten Taboulé, Couscous, Tzaziki, Avocadopüree und Tomaten-Zwiebelsalat dabei und gingen wie selbstverständlich davon aus, dass sich auch die kleinen Gäste davon bedienen würden. Und sie hatten Recht behalten: Eltern und Kinder saßen zusammen an unserer langen Gartentafel und verspeisten dieselben Gerichte.

Natürlich würden auch französische Kinder gerne fünf Mal in der Woche Pommes Frites und drei Mal am Tag Schokolade essen. Bestimmt hätten sie auf der Grillparty gerne Brühwürstchen verputzt. Und natürlich würden auch sie gerne wie kleine Herrscher am Tisch sitzen und bestimmen, was ihnen Papa oder Mama serviert und auf welchen Tellern. Aber sie bekommen kaum eine Gelegenheit dazu. Sie wissen vielleicht nicht einmal, wie sehr sie sich danebenbenehmen könnten, weil sie es nie erfahren oder gesehen haben.

„Neben der Fürsorgeeigenschaft besitzen Mahlzeiten auch Herrschaftscharakter", sagt die Paderborner Ernährungswissenschaftlerin Kirsten Schlegel-Matthies. „Am Tisch wird entschieden: Wer bekommt zu essen? Wem wird zuerst serviert? Wer teilt Mahlzeiten zu? Mahlzeiten bilden Hierarchien in der Familie ab. Sie sind also weit mehr als nur einfache Rituale. Den Kindern wird je nach Kultur mehr oder weniger Raum gegeben, die Macht am Tisch zu ergreifen."

Ihre Worte erinnern mich an meinen Großvater, der als Familienoberhaupt immer zuerst bedient wurde und das größte Schnitzel erhielt. Französische Kinder kommen häufig nicht dazu, diese Macht am Tisch auszuspielen. Versuchen sie es doch einmal, bremsen sie ihre Eltern. „Als mein Sohn plötzlich anfing, im Hauptgericht zu stochern und nur noch auf den Nachtisch wartete, habe ich ihm immer wieder dasselbe Gericht aufgetischt – so hat er nachmittags um 16 Uhr wieder die Gemüsesuppe bekommen statt seiner Kekse und am Abend noch einmal. Am ersten Tag hat er sie nicht angerührt, am zweiten Tag fing er an, ein bisschen davon zu essen und nach drei Tagen war der Spuk vorbei," sagte eine Frau in der Kita zu mir, als wir gemeinsam auf die Menükarte guckten.

Maries fünfjährige Tochter hatte eines Tages aufgehört, Gemüse zu essen, obwohl sie es vorher so gerne mochte. Nur noch Tomaten und rohe Karotten sollten es sein. In der Schulkantine aber schien sie alles zu essen – ein bekanntes Phänomen. Kinder wissen eben, wo sie noch etwas anderes erquengeln können und wo sie leer ausgehen werden. Als die Sommerferien begannen, servierte Marie ihrer Tochter nur noch Gemüse, zu Mittag und zu Abend. „Hast du denn keine Angst, dass sie insgesamt zu wenig isst?", fragte ich. „Ach, im Sommer brauchen wir doch ohnehin weniger Kalorien. Wenn sie Hunger hat, wird sie schon wieder essen." Maries Plan ging auf. Am zweiten Tag aß Emma Ratatouille zum Mittagessen und Paprika-Linsensalat vor dem Schlafengehen. Am dritten Tag servierte sie ihr dazu wieder die geliebten Nudeln und Kroketten, und Emma aß fortan alles mit, was ihre Eltern auch verspeisten.

In deutschen Ohren klingen diese Erziehungsmethoden harsch. Für Franzosen sind die gemeinsamen Mahlzeiten, ja, ein gutes Essen an sich, aber sehr hohe Werte, für die sie auch mal kämpfen. Ohnehin geben sie einen fast doppelt so hohen Anteil ihres Einkommens für Lebensmittel aus wie wir, nämlich mehr als zwanzig Prozent. Stundenlang können sie über die beste Saison für einen bestimmten Käse, über Tomatensorten und das knackigste Baguette der Stadt fachsimpeln. Hans' Kollegen haben mal eine gesamte Mittagspause darüber gesprochen, wie die perfekte Vinaigrette aus Öl, Essig und Salz herzustellen sei. Franzosen sind stolz auf die französische Küche, die kürzlich von der UNESCO sogar zum Weltkulturerbe ernannt worden ist. Ziel der Kandidatur um den internationalen Titel war es ausdrücklich, „französische Kinder zu erziehen und dem Trend vorzubeugen, immer kürzere Mahlzeiten einzunehmen". In dem achtminütigen Bewerbungsfilm schnippeln Kinder Gemüse, sie nehmen an der großen Tafel zwischen den Erwachsenen Platz und teilen von der Vorsuppe bis zur Käseplatte alles mit ihnen. Die Weltkulturorganisation erkannte schließlich in ihrer Entscheidung an: Die „französischen Menüs gehören zur kulturellen Identität des Landes und werden von Generation zu Generation weitergegeben".

Franzosen wäre es ein Graus, wenn ihre Kinder all die Köstlichkeiten ablehnen würden, die sie im Alltag so hochhalten. Schon früh üben sie sie darin, das traditionelle Menü aus Vorspeise, Hauptgericht, Nachtisch und Käse zu schätzen. „Gibt es keine Vorspeise?", fragen manche Kinder ihre Eltern am Wochenende, wenn nicht, wie in der Schule, schon ein Salat oder eine Suppe vorneweg gereicht wird. Auch Fred hatte es sich in der Kita schnell angewöhnt, nach oder vor dem Dessert noch einen Happen Camembert oder Comté zu naschen. Da war er als Zweijähriger schon weiter als seine Eltern.

Die Kleinsten haben einen Anspruch darauf, gut zu essen. Als Fred sieben Monate alt war, hatte ich einmal seinen Mittagsbrei für die Tagesmutter vergessen. Ich war spät dran an dem Morgen, musste unbedingt einen Text recherchieren und schlug ihr deswegen vor, ihm mittags das Fläschchen für nachmittags zu geben, ich würde dann den Karottenbrei nachmittags vorbeibringen. Die Nounou schaute mich ungläubig an. „Je ne comprends pas – Ich verstehe das nicht", sagte sie mit einer hochgezogenen Augenbraue. „Ich soll ihm das Nachmittagsfläschchen zum Mittagessen geben?" Für sie muss das geklungen haben, wie Kartoffelsalat mit Würstchen zum Frühstück zu servieren. „Er wird ja total durcheinanderkommen, non, non, das geht aber doch nicht." Am Ende einigten wir uns darauf, dass sie ihm ausnahmsweise Karotten pürieren würde und ich in Ruhe arbeiten konnte. Aber ihr erstaunter Gesichtsausdruck hat sich mir eingeprägt.

Französische Kinder essen nicht nur dasselbe wie Erwachsene, sondern auch zu denselben Zeiten. Schon die allermeisten fünf Monate alten Babys bekommen die Brust oder die Flasche nach dem Aufwachen gegen 7 oder 8 Uhr, dann wieder um 12 Uhr mittags, einen kleinen Snack am Nachmittag um 16 Uhr und dann das Abendessen zwischen 19 und 20 Uhr. Wieder einmal wird der Nachwuchs an die Rhythmen der Erwachsenen gewöhnt und nicht umgekehrt. Zwischen den Mahlzeiten gibt es nur ganz selten mal etwas, ein Eis im Sommer oder Schokoladeneier zu Ostern.

Die Kita setzte auch sofort Maßstäbe für gutes und abwechslungsreiches Essen. Als Fred mit elf Monaten in die crèche kam, sollten wir eine Liste mit denjenigen Nahrungsmitteln ankreuzen, die er schon probiert hatte. So will man einerseits sichergehen, keine allergieauslösenden Zutaten zu verwenden, und andererseits soll den Eltern auch die „erste Grimasse" bei einem neuen Lebensmittel vorbehalten bleiben.

Wir hatten Fred allerlei Gemüsevarianten zubereitet und ich freute mich schon darauf, stolz eine lange Liste von Auberginen bis Zucchini anzukreuzen. Aber an die französische Vielfalt für Babys kamen wir noch lange nicht heran: Neben einer Reihe von Gemüse inklusive so ausgefallener Sorten wie Spargel und Schwarzwurzel gab es auch einen Zettel für Kräuter und Gewürze: Curry, Schnittlauch, Koriander, Dill, Salbei, Petersilie, Basilikum, Thymian, Rosmarin, Knoblauch und Safran standen da beispielsweise. Fred kannte keine dieser Zutaten – ich hatte ihm gedankenlos puren Gemüsebrei zubereitet, wie wir ihn als Erwachsene wohl ungern essen würden. „Machen Sie sich keine Sorgen, er wird dies alles noch kennenlernen", tröstete mich eine Erzieherin, als ich etwas beschämt den Gewürzzettel ohne Kreuze zurückgab. Ich hatte eine der grundlegendsten französischen Essensregeln ignoriert: „Il faut former le goût." – „Wir sollten seinen Geschmack ausbilden", sagen französische Pädagogen und meinen damit, den Sinn der Kinder dafür zu schärfen, wie sie als Erwachsene gesund und vielfältig essen sollten und können.

Studien geben ihnen recht: Frühe Essgewohnheiten wirken sich bis ins Erwachsenenalter aus. „Kinder, die mit sechs Jahren nur ein Obststück oder sogar weniger essen, haben schon als Unter-Zweijährige wenig oder sogar gar kein Obst gegessen", heißt es in einer Studie der amerikanischen pädiatrischen Gesellschaft. Kinder, die schon früh täglich mindestens eine Frucht aßen, werden später fast drei Mal so viel Obst essen. Es sei daher dringend zu empfehlen, schon die Kleinsten an Obst und Gemüse zu gewöhnen – und ihnen häufig verschiedene Sorten anzubieten.

Trotzdem ist das französische Essen keine reine Gemüse- und Obstangelegenheit. Der „goûter", die Zwischenmahlzeit gegen 16 Uhr, sieht etwas Süßes vor – Kekse, Pudding oder Schokolade, auch mal ein Obstsalat oder rote Grütze. Und das jeden Tag, aber dafür in kleinen Mengen, „für das Vergnügen" – „le plaisir". Französische Kinder lernen sehr früh, dass sie am Nachmittag geradezu ein Anrecht auf einen gezuckerten Snack haben – und fragen den Rest des Tages vielleicht weniger danach. Süßes ist für den Nachmittag reserviert. Nur sehr selten habe ich an den berühmten Quengel-Regalen im Supermarkt Kinder nach Schokobonbons oder Karamellriegeln verlangen hören und noch seltener Eltern dabei beobachtet, diesem Wunsch nachzugeben.

Der „envie de manger", die Lust aufs Essen, gilt als ein großes Ziel der Ernährung von Kleinkindern. Es gilt zu essen, um gerne zu essen. In Deutschland sind Nahrungsmittel häufig auch Mittel der Erziehung, sie sollen helfen, wenn das Kind nörgelt und ungeduldig wird. Bei jedem kleinen Ausflug außer Haus haben wir für unsere Kinder eine ganze Armada von Snacks dabei. Tupperdosen mit Reiswaffeln, sorgfältig geschälte Apfelstriezel, Hirsekringel oder Dinkelstangen, luftdicht verschlossen und immer mit dabei. Das meiste ist gesund, aber die Kleinen haben ständig etwas im Mund, sie kauen und schmatzen sich durch den Tag. Sie müssen das Gefühl bekommen, den Tag durchgängig etwas zu essen in der Hand zu haben sei völlig normal.

Auch mein Sohn hat dies anfangs von mir gelernt: Als ich mit Fred als wenige Monate altes Baby im Bus fuhr, durfte er häufig ein Stück Baguette mümmeln. So war die Zeit entspannter, der Kleine beschäftigt. Nach einiger Zeit bemerkte ich, dass alle anderen Kleinkinder im Bus nichts kauten, ihre Eltern hatten allenfalls ein Trinkfläschchen mit dabei. Vielleicht wirkte da auch schon die Kampagne des französischen Gesundheitsministeriums, für die am Ende jeder Nahrungsmittelwerbung dieser Satz eingeblendet wird: „Bewegen Sie sich. Und vermeiden Sie es, zwischen den Mahlzeiten zu essen."

Im Prinzip sind sich über den ständigen Imbiss deutsche und französische Wissenschaftler auch einig. In einer Broschüre des deutschen Bundesministeriums für Ernährung heißt es: „Mahlzeiten sollten sich mit ‚essensfreien Zeiten' abwechseln. In den Essenspausen sollten weder Snacks, zuckerhaltige Getränke noch Milch angeboten werden. Wasser kann und sollte das Kind zu jeder Zeit zu sich nehmen können."

Auch französische Gesundheitsbehörden beharren darauf, nicht zwischen den Mahlzeiten Essen zu reichen – falls das Kind zum Mittagessen schlecht oder gar nichts gegessen habe, sei es besser, das Abendessen vorzuziehen. Kinder lernten von den Eltern, so die Ernährungsexperten, und deswegen sei es sehr wichtig, ein gutes Beispiel zu geben und weder ständig selbst zu naschen noch etwas zum Naschen anzubieten. „Das Kind lernt, dass nicht jedes Essbedürfnis sofort befriedigt werden muss und dass es zugunsten der (gemeinsamen) Mahlzeiten aufgeschoben werden kann." Hans und ich sind von dem französischen Ideal häufig recht weit entfernt. Zwar isst Fred kaum Süßes, aber weil er sich von Anfang an bei uns im Garten an Erdbeeren, Himbeeren, Erbsen und kleinen Tomaten bedienen konnte, snackt er sich gerade im Sommer durch den Tag. Er ist das freie Angebot an Obst und Gemüse so gewohnt, dass er auf dem Markt schwer davon abzuhalten ist, sich kleine Beeren direkt in den Mund zu stecken.

Da bin ich wieder froh um die Essens-Erziehung in den französischen Kitas und Schulen. Sie nehmen Eltern diese große Aufgabe weitgehend ab. Vor und nach dem Mittagessen gibt es dort natürlich nichts zu naschen, auch die Frühstückspause gegen 10 Uhr morgens, die in vielen deutschen Kindergärten üblich ist, existiert nicht. Die Kleinen werden daran gewöhnt, sich den Hunger für das mehrgängige Mittagsmenü aufzusparen und viel Gemüse zu essen. Wenn die Gruppen gegen 12 Uhr mittags in der Kantine Platz nehmen, erhalten sie zuerst geraspelte Möhren, Gurkensalat, Auberginen-Ratatouille oder ganz einfach grünen Salat. Wenn der Hunger am größten ist, wird auch das sonst vielleicht leidige Gemüse wieder attraktiv. Und die allermeisten, so sagt meine Kita-Leiterin Gaël, würden die Vorspeise sehr schnell verputzen. „Wenn ein Kind eine Sache nicht mag, zwingen wir es aber nie zum Essen. Wir bieten die Speise immer wieder und wieder an, meistens mit Erfolg." Später in der höheren Schule gibt es nur noch Mittagessen, aber keine nachmittägliche Zwischenmahlzeit mehr. Aber auch hier gibt der Staat gesunde Ideen vor: Im Collège unseres Nachbarortes werden die Eltern zu Schuljahresbeginn aufgefordert, ihren Kindern keine Limonade, keine Kekse und Schokolade einzupacken, sondern einfach Wasser und Obst oder ein belegtes Brot.

Von dieser Arbeitsteilung in der Erziehung können deutsche Eltern nur träumen. Nicht einmal alle Kitas bieten ein Mittagessen an, nur die allerwenigsten das zweite Frühstück oder eine kleine Zwischenmahlzeit am Nachmittag. Viele holen ihre Kinder wie meine Freundin Sabine hungrig am späten Mittag ab, andere bekommen tagein, tagaus die ewig gleichen angeblichen Kindergerichte von Tortellini bis Pommes mit panierten Putenschnitzeln. Oder die Eltern werden dazu angehalten, mindestens einmal in der Woche selbst für die gesamte Gruppe zu kochen oder in den Ferien für die Köchin einzuspringen.

Wie so häufig spielt deutschen Eltern und vor allem uns Müttern wieder das schlechte Gewissen übel mit. Manchmal wird die Schulverpflegung in politischen Diskussionen als „Ende der Familie" erklärt – als könne kein gemeinsames Essen unter Kindern den mittäglichen Hausbraten der Mutter ersetzen. „Die gemeinsame Mahlzeit wurde schon immer als der Moment glorifiziert, an dem sich die Bindung einer Familie zeigt", sagt Expertin Schlegel-Matthies. „Sie sind ein Anlass, bei dem sich Vater, Mutter und Kind mit ihren Rollen produzieren und reproduzieren. Und die Rolle der Mutter in der Küche wurde in Deutschland schon immer höchst offiziell gefördert: mit Hauswirtschaftsunterricht für Arbeitermädchen im 19. Jahrhundert und auch heute noch durch die Werbung, die häufig idyllische Familienmähler propagiert. Diese Überfrachtung ist unangemessen – und erhöht häufig allein den Druck auf die Mutter, die sich verantwortlich fühlt."

Das macht es natürlich schwer, das familiäre Mittagessen abzugeben. Dabei sitzen heutige Schulkinder höchstens noch mit der Mutter am Mittagstisch. Nur die wenigsten Väter könnten wie früher meine Großväter zum Mittagessen von der Arbeit nach Hause kommen. „Und dann isst die Frau mit dem Kind alleine zu Hause?", fragte mich Marie entgeistert. Für Franzosen, die gerne an langen Tafeln in großer Runde speisen, muss dies traurig klingen im Vergleich zu den heiteren Tischen in der Kantine. Auch Forscherin Schlegel-Matthies sagt: „Es ist eine gesellschaftliche Verantwortung, die Kinder in der Schule zu verpflegen."

Die feiernden Kinder

„Kinder können überall schlafen."
Jules, Hans' Kollege und Vater von zwei Kindern

Als wir zum ersten Mal in Frankreich Freunde zu uns einluden, starteten wir extra schon um 18 Uhr: Hans' Kollege Jules wollte mit Frau und seinen zwei kleinen Kindern kommen, die würden bestimmt wieder um 21 Uhr gehen müssen, dachten wir besorgt. Um 18 Uhr saßen wir ganz entspannt auf der Couch und aßen die ersten Chips. Um 18.30 Uhr klingelte als erster Kevin, ein amerikanischer, gut gelaunter Physiker, um 19 Uhr kam Hans' Kollege Benjamin und schenkte uns drei Comics. Während wir unseren typischen französischen Apéritif – Chips, Oliven und Rotwein – verzehrten, guckten wir alle in die bunten Bücher.

Als 20 Uhr schon lange verstrichen ist, sind Jules und seine Familie noch immer nicht da. „Vielleicht ist ein Kind krank geworden", mutmaßte ich. „Oder er hat es einfach ganz vergessen?" Um Viertel vor neun riefen wir Jules, nun schon etwas in Sorge, auf seinem Handy an. „Ach, wir biegen gerade um die Ecke, in zwei Minuten sind wir da." Tatsächlich kamen die vier kurz darauf mit zwei Champagnerflaschen die Treppe herauf. Es wurde ein lustiger Abend. Um Mitternacht meinte Jules, seine Kinder würden nun langsam müde. Tatsächlich hatten sie aufgehört, mit ihren mitgebrachten Legosteinen zu spielen und hingen etwas schlaff auf der Spieldecke herum. Vierzig Minuten später ist die Familie die letzte, die unsere Wohnung verlässt.

Dasselbe Schauspiel bietet sich bei der Weihnachtsfeier des Presseclubs. Nie habe ich bei ähnlichen Veranstaltungen in Deutschland Kinder gesehen – wahrscheinlich wäre die Mehrzahl der Gäste entsetzt gewesen über die lauten Kinder und zugleich über die Eltern, die ihren Nachwuchs nicht zuhause im Bett schlafen lassen, wo er nach 20 Uhr hingehört. Aber unter den französischen Journalisten lief der Abend ganz anders ab. Wir versammelten uns in unserem Büro, einer schmucklosen Etage mit Konferenzräumen und einer zwei Quadratmeter großen Teeküche. Auf einem der ovalen Tische thronten drei „Bûches de Noël", diese schweren, butter- und nougathaltigen französischen Weihnachtskuchen, in einer Ecke stand eine alkoholhaltige Bowle und direkt daneben ein Früchtepunsch für die Kinder. Tatsächlich trudelte rund ein Drittel der Kolleginnen und Kollegen mit ihren Söhnen und Töchtern ein. Sie gehörten später mit zu den Letzten, die nach einem lustigen Wichteln, einer Rede und vielen Getränken nach Hause gingen.

Auch beim abendlichen Feuerwerk zum Nationalfeiertag im Juli, bei der Jahresfeier von Hans' Universität, bei Geburtstagsfeiern und Apéros sind die Kurzen mit dabei. Kinder feiern in Frankreich selbstverständlich mit. Paare, die gerne gefeiert haben, können ein bisschen so weiter machen wie vorher.

Franzosen nehmen ihre Kinder weniger mit, weil sie glauben, ihnen damit einen Gefallen zu tun. Vielmehr sind meine französischen Freundinnen und Freunde überzeugt davon, sich ihrem Kind nicht anpassen zu müssen. Eine amerikanische Wissenschaftlerin hat einmal französische und amerikanische Mütter befragt, wie sehr sie glauben, sich für ihr Kind aufopfern zu müssen. Sie sollten auf einer Skala von

1 bis 5 einordnen, wie wichtig es ist, die Bedürfnisse des Kindes immer an die erste Stelle zu setzen. Franzosen gaben diesem Anspruch nur 1,26 von 5 möglichen Punkten – weniger als halb so viel wie die Amerikaner.

Ich bin mir bis heute nicht ganz sicher, ob ich das bewundere oder fahrlässig finde – oder beides zugleich. Franzosen sind absolut sorglos mit ihrem Nachwuchs am Abend. „Kinder können überall schlafen", meinte Jules, Hans' Kollege mal zu ihm. Jules plante einen Couscous-Abend und Hans sagte schon einmal vorausschauend, wir würden mit Fred nicht so lange bleiben können. „Kinder passen sich an, du musst sie nur daran gewöhnen", war seine These. Wir haben es an jenem Couscous-Abend nicht gewagt, Fred bei ihm einfach hinzulegen, und sind um 21.30 Uhr, immerhin eine Stunde später als gewöhnlich, nach Hause gefahren. Vielleicht waren wir noch zu deutsch. Wir hatten Angst, Fred würde nicht einschlafen können und die Party in Grund und Boden schreien, wir hatten Angst, er käme „aus seinem Rhythmus" und würde dann vielleicht später zuhause nicht mehr zur Ruhe finden. Die Franzosen auf dem kleinen Fest aber waren überrascht, als wir gingen. Jules und Jade hatten gerade erst die Kartoffeln und Kichererbsen zu dem großen Topf mit dem Gemüse und dem Hühnchen gegeben – sie fangen ja immer erst an zu kochen, wenn die Gäste schon da sind. Niemand rechnete damit, vor zehn Uhr einen Teller Couscous zu essen, auch wir hatten uns an das späte „dîner" gewöhnt und schon wohlweislich einige Kräcker und Oliven gegessen, um auch ohne Hauptspeise halbwegs satt nach Hause zu fahren.

Aber trotzdem ist es nicht leicht, immer in die Zange genommen zu werden. „Bleibt doch noch, wir haben oben sogar ein Kinderbett für Fred", sagte Jules und wir fühlten uns ein wenig auf der Flucht ob der vielen Angebote. Häufig empfinde ich mich dann wie eine übereifrige Mutter, die schon mit dem ersten Kind zu einer Spaßbremse wurde. Hans und ich haben uns inzwischen daran gewöhnt, immer als Erste zu gehen – aber trotzdem noch länger zu bleiben, als wir es in der Heimat getan hätten. Das ist unser kleiner deutsch-französischer Kompromiss am Abend.

„Wir haben nur wenig von unserem früheren Leben eingebüßt", sagte mir meine Freundin Marie. Wir waren mit ihr und ihrem Mann Philippe in einem neuen Restaurant in unserem Dorf essen. Wir hatten uns für 19 Uhr verabredet, „damit es nicht so spät wird". Um kurz nach 19 Uhr standen Hans und ich schon vor dem Lokal, Fred kraxelte unermüdlich die Treppe auf und ab, eine neue Leidenschaft von ihm. Marie, Philippe und ihre beiden Töchter Julie und Emma kamen zwanzig Minuten später. Um 20 Uhr hatten wir gerade erst die Vorspeise bestellt, um 20.45 Uhr kam das Hauptgericht. Marie fände es sicherlich schon verwunderlich, dass ich mir diese Zeiten so exakt gemerkt habe. Wir verfolgten Freds erste müde Anzeichen genauso aufmerksam wie die Zeiger auf der Uhr über dem Tresen. Dabei aß er auf meinem Schoß ganz konzentriert vom Vorspeiseteller, spießte Frühlingsrollen auf und freute sich über Cocktailtomaten. Auch meine Gemüselasagne teilte er mit Vergnügen, eigentlich war also alles ganz entspannt. Um 21.30 Uhr entschlossen wir uns trotzdem, den Nachtisch sausen zu lassen und Fred ins Bett zu bringen. „Er sieht aber doch noch ganz zufrieden aus", sagte Marie, und Philippe stichelte: „Ihr habt noch nie ein Dessert mit uns gegessen." Uns schlug blankes Unverständnis entgegen.

Marie und Philippe hielten anschließend bei einer Reise nach Berlin Ausschau nach Kindern am Abend – sie wollten gucken, ob sie, wie von uns behauptet, in Deutschland früher ins Bett gingen. „Wir haben wirklich kaum Familien abends gesehen", räumte Marie ein. Einmal wollten sie sogar schon ein Paar mit zwei kleinen Jungs fotografieren, das um 22 Uhr an ihrem Nebentisch saß und gerade erst die Vorspeise vor sich stehen hatte – aber sie stellten sich schließlich als Engländer heraus. „Erstaunlich, deutsche Kinder scheinen sehr früh im Bett zu sein", sagte Marie.

Die französische Kinderärztin und Schlafforscherin Elisabeth Locard tröstet mich: „Das Schlafverhalten ist eine rein kulturelle Größe. Südeuropäische Familien haben ihre Kinder schon immer abends mitgenommen und sie später schlafen gelegt als die nordeuropäischen." Für Franzosen sind wir „Nordeuropäer" und nicht so zentraleuropäisch, wie ich uns immer gesehen hatte. Nach Locard schlafen Kinder früher, je weiter nördlich sie leben.

Locard hat in den 1990er-Jahren als eine der Ersten weltweit erforscht, wie Übergewicht und fehlender Schlaf zusammenhängen, und hat es damit zu einiger Berühmtheit in ihrer Wissenschaft gebracht. Ihre Studien ergaben eindeutig, dass übermüdete Menschen mehr und unkontrollierter essen – alleine, weil sie mehr Zeit am Tag wach sind und sich daher öfter am Kühlschrank bedienen können, aber auch, weil ihnen die Hormone Ghrelin und Leptin fehlen, die das Hunger- und Sättigungsgefühl steuern. Kinder, die mit drei Jahren zu wenig schlafen, sind mit sieben Jahren deutlich übergewichtiger als ihre ausgeruhten Altersgenossen. Locard hat Dutzende Schlaf-Studien veröffentlicht und bietet heute ehrenamtlich Kurse für Eltern an, um ihnen Tipps für einen gesunden Schlaf zu geben. Sie ist also sicherlich die Richtige, um die abendlich feiernden französischen Kinder zu beurteilen. „An solchen Abenden stehen zwei Interessen gegenüber: die der Eltern und auch der Kinder, die gerne noch zusammen und in Gesellschaft bleiben möchten, und die Bedürfnisse der Kleinen, die am besten mit einem regelmäßigen Rhythmus zurechtkommen. Ich würde sagen: Zwei-, dreimal im Monat dürfen wir Kinder abends mitnehmen, auf Konzerte, zu Feiern und Festivals. Dann sollten sie aber am nächsten Tag keine Schule haben und entsprechend früher schlafen gehen können."

Das Wichtigste laut Locard sei nämlich gerade nicht, die Kinder nach einem langen Abend bis in die Puppen ausschlafen zu lassen, im Gegenteil: Am besten sei es, sie ungefähr zur gewohnten Zeit wach zu machen, um ihren eingeübten Rhythmus nicht noch weiter durcheinanderzubringen. Dann sollten wir sie abends früher ins Bett bringen, damit sie ihren Schlaf nachholen und dennoch nicht aus dem Takt kommen. Eltern sollten ihre Kinder beobachten: Gähnen sie viel, vielleicht sogar schon am Morgen, sind sie unaufmerksam und unkonzentriert, vielleicht sogar aggressiv, dann könnte ihnen Schlaf fehlen.

„Heutzutage schlafen alle europäischen Kinder zu wenig. Dabei ist es nicht so entscheidend, wann Kinder schlafen, sondern ob sie insgesamt auf die von ihnen benötigten Ruhephasen kommen. Gucken Sie sich doch die Sportler an, die alleine um die Welt segeln: Sie haben gelernt, ihren Schlaf in ganz kleinen Portionen zu sich zu nehmen, und sind trotzdem monatelang körperlich und geistig fit genug für ihre schwere Aufgabe. Ruhepausen am Tag sind also ganz entscheidend. Und da haben die Südeuropäer den Nordeuropäern etwas voraus: Sie machen traditionell häufig selbst noch eine Siesta – das ist für Eltern und Kinder gleichermaßen gut. Im Süden essen die Familien später am Abend, dafür passiert aber zwischen 13 und 15 Uhr am Tag sehr wenig. Das ist das Schöne: Wer insgesamt genug ruht, kann auch abends lockerer sein."

Locard hat recht: Unsere französischen Freunde schlafen alle häufiger mal am Tag. Wenn Lise und Andrea – er ist zudem noch Italiener, also noch südlicher geprägt – mit ihrer Stella abends lange in der Stadt im Restaurant sitzen, dann sind sie am nächsten Tag vor 14 Uhr kaum anzusprechen. Sie dösen sich buchstäblich durch den Tag. Als wir sie einmal um 15 Uhr auf einem Flohmarkt treffen wollten, haben es die drei nicht zur Verabredung geschafft. Sie hatten bis dahin nicht einmal richtig gefrühstückt. So ein „Bett-Tag" war uns zuletzt in der Studentenzeit passiert, aber sicherlich nicht mehr, seitdem Fred auf der Welt ist.

In Frankreich ist das üblich. Auch Marie und Philippe legen sich mit ihren Töchtern für ein paar Stunden hin, wenn sie zuvor lange auf waren. „Das lässt sich alles lernen", sagt Elisabeth Locard. „Niemand kann sich angewöhnen, weniger Schlaf zu brauchen. Aber jeder kann sich darin üben, seinen Schlaf aufzuteilen – auf nachmittags oder abends oder wann immer Sie wollen." Einziger Haken: Auch das sollte recht regelmäßig stattfinden, damit es klappt.

Zum Schluss unseres Gespräches gibt mir Locard noch ihre persönliche Einschätzung deutscher Eltern mit: „Sie haben doch kaum eine richtige Betreuung, oder? Das ist sehr stressig für die Mütter. Ihr solltet in Deutschland vor allem darauf achten, dass die Eltern vernünftig ausschlafen, dann folgen die Kinder von selbst. Und auch mal abends ausgehen, wenn es Spaß macht."

Deutsche Freundinnen hingegen haben ihr Abendprogramm häufig komplett eingestellt. Manche gehen zum ersten Mal zwei oder drei Jahre nach der Geburt nach 20 Uhr aus dem Haus, und in den allermeisten Fällen passt dann die Oma oder der Babysitter auf die Kinder auf. „Muss der denn nicht längst ins Bett?", fragen Passanten in Deutschland, wenn ich Fred nach 20 Uhr durch die Fußgängerzone schiebe.

Noch häufiger aber teilen sich deutsche Paare abends auf. Mal geht der eine mit Freunden ins Kino, mal der andere, mal geht sie mit einer Freundin ins Restaurant, mal hat er einen freien Kumpelabend. „Dass wir noch einmal zusammen ausgehen, ist total selten geworden", sagt eine Freundin. Wer seine Kinder nicht mitnehmen und woanders schlafen legen kann, hat unweigerlich einen Haufen Sachen zu organisieren. Dann muss der Babysitter bezahlt werden (vierzig bis fünfzig Euro), ein Abendessen für die Schwiegermutter muss bereitgestellt und ein Zettel mit Lösungen für mögliche Notfallsituationen und den passenden Telefonnummern vorbereitet werden. „Das ganze Drumherum ist so stressig, da habe ich schon keine Lust mehr", sagen viele von ihnen.

Aber es sind ja nicht nur die Eltern, die sich nicht vorstellen können, einen entspannten Abend mit Kleinkindern bei Freunden verbringen zu können, es sind auch die deutschen Gastgeber, die in Deutschland weniger auf kleine Schläfer ausgerichtet sind. Ein Babybett parat wie Jules und Jade haben sicherlich nur die wenigsten. Manchmal geben die Einlader sogar zu verstehen, dass sie bei ihrer Verlobungsfeier oder dem runden Geburtstag keine Kinder sehen wollen – in Frankreich wäre dies sehr unhöflich.

Umgekehrt wurde ich auch einmal überrascht, als ich meine französischen Freundinnen zu einem Brunch einlud und sie jeweils mit ihren zwei oder sogar drei Kindern aufkreuzten. Es war ein Samstagmorgen, und ich war davon ausgegangen, dass die Väter die Kinder hüten würden, wie sie es sonst auch häufiger tun, wenn wir Tennis spielen. Aber nein, statt der erwarteten fünf Frauen tummelte sich eine Horde von insgesamt zwölf großen und kleinen Menschen auf unserer Terrasse. Zum Glück brachten sie zugleich große Salattöpfe und eine Menge Baguette mit – sonst hätte ich viel zu wenig zu essen gehabt. Aber kurz nach meinem ersten Schrecken lief es ab wie immer: Die Kinder zogen ab und spielten im Sandkasten, sie aßen dasselbe und am selben Tisch wie wir und waren untereinander mit sich selbst zufrieden. Und wir konnten unbekümmert über ertragreiche Tomatensorten im Garten, die neue Lehrerin an der Dorfschule und den korruptesten Politiker Frankreichs sprechen. Nur Fred war leider nicht dabei – ich hatte Hans gebeten, mit ihm wandern zu gehen.

Franzosen sind vielleicht ein bisschen egoistischer in ihrer Freizeit – sie achten normalerweise aber sehr genau auf den Rhythmus ihres Kindes. Unsere crèche hat sich die Schlafzeiten von Fred genau notiert. Und auch Marie und Philippe verlassen im Sommer das Freibad, wenn ihre beiden Töchter sich die Augen reiben. Aber die regelmäßige Schlafenszeit wollen sie nicht um jeden Preis einhalten, nicht auf ihre Kosten und nicht mit derselben Absolutheit, mit der wir Deutschen dafür sorgen.

Vielleicht haben sie auch nachsichtigere Ratgeber. Als Juliettes zweijährige Tochter Iris nach der Geburt ihres Sohnes schrecklich eifersüchtig wurde, verlängerte sie abends die

Einschlafphase bis ins Endlose. Juliette versuchte zwar stets, sie möglichst regelmäßig gegen 20.30 Uhr ins Bett zu bringen, aber die Kleine stand immer wieder auf, wollte mal was trinken, dann zur Toilette, dann dringend ein Bilderbuch angucken. Das Zubettbringen zog sich über Stunden hin. Ein Kinderpädagoge riet Juliette dann dazu, nicht so genau auf die Uhrzeit zu achten und die Dreijährige lieber etwas später hinzulegen. „Iris braucht Sie vielleicht noch ein wenig an ihrer Seite, gucken Sie mal nicht so genau auf die Zeit", war sein Ratschlag.

Und tatsächlich: Seitdem Iris mal um neun, mal sogar um halb zehn oder zehn Uhr ins Bett gebracht wird, bleibt sie meistens sofort liegen. Ihr hatte das starre und vermeintlich so vorbildliche Korsett nicht gepasst, sie ist mal mehr, mal weniger müde, und Juliette tut offenbar gut daran, dem immer wieder neu Rechnung zu tragen.

An einem lauen Sommerabend saß ich mit Marie und ihrer Familie an einem See. Der nächtliche Himmel hatte das Wasser längst in eine tiefe Dunkelheit getaucht, aber tatsächlich spielten Julie und Emma noch unter zwei Straßenlaternen Fußball. „Würdest du mit den beiden denn auch bis nach Mitternacht bleiben?" „Wenn es ihnen noch gut geht und sie am anderen Tag keine Schule haben, natürlich. Sie sind wie wir – manchmal mehr, manchmal weniger müde. Und wir haben doch alle einen schönen Abend." Den hatten wir tatsächlich. Allerdings hatte ich Fred nicht mitgenommen, er schlummerte schon längst zuhause in seinem Bett. Und Hans vielleicht ebenso. Wir hatten uns wie viele deutsche Eltern für diesen Abend aufgeteilt. In dem Moment, in der blauen Stunde des Abends, habe ich das sehr bedauert.

Der gepflegte Körper

> *„Ich habe vier Kinder und mir immer geschworen, mich um mich selbst wie um ein fünftes Kind zu kümmern."*
>
> Laurence, Hebamme

Als ich im sechsten Monat rund zehn Kilo zugenommen hatte, schaute mich meine Gynäkologin überrascht an. „Haben Sie besondere Gelüste nach Süßem?", fragte sie mich. „Nein", sagte ich und zählte in Gedanken meine über den Tag verteilten Schokoladenstückchen. Ich fand mein Gewicht völlig normal, viele meiner deutschen Freundinnen hatten am Ende der Schwangerschaft 15 bis 20 Kilo mehr auf den Hüften. „Sie müssen aufpassen – das hohe Gewicht ist nicht gut." Offenbar schaute ich sie ein wenig beleidigt an, denn dann führte sie aus: „Ich sage das nicht, um Sie zu ärgern. Aber mehr Kilos führen häufig zu hohem Blutdruck und erschweren Ihnen die Geburt." Zuerst war ich tatsächlich ein wenig beleidigt. Ich hatte gar nicht das Gefühl, besonders viel zu essen, sondern irgendwie automatisch zuzunehmen. Das sagte ich auch etwas hilflos meiner Ärztin, sie lachte nur. „Jeder Mensch nimmt nur übermäßig zu, wenn er zu viel isst – auch Sie als Schwangere." Fortan achtete ich ein bisschen auf meinen Schokokonsum und legte noch ein paar Schwimmbahnen obendrauf.

Später war ich froh, einigermaßen schlank aus der Schwangerschaft gekommen zu sein. Die Frauen in meinem Vorbereitungskurs nahmen alle nicht besonders viel zu, vielen von ihnen sah man die Schwangerschaft von hinten überhaupt nicht an. Selbst die französische Umstandsmode ist sportlich und körperbetont. Bis auf den voluminösen Bauchstoff ist sie kaum von anderen Anziehsachen zu unterscheiden. Nur sehr selten finden sich T-Shirts mit der tüdeligen Aufschrift „Hier wächst Mamis Liebling heran", vielmehr gibt es schneeweiße Blusen und asymmetrische Kleider und überhaupt die ganze Eleganz, zu denen Französinnen fähig sind. Die meisten behalten bis auf die Hosen ohnehin ihre normalen Klamotten an und kaschieren die zu kurzen Pullis ein wenig mit Tüchern. Und weil Französinnen nach der Geburt nur zwei oder drei Kilo zu verlieren haben, sehen sie schnell wieder aus wie zuvor.

Wir Deutschen werden meist mit jedem Kind pummeliger, unsere Pullis weiter, die Hosen bequemer. Das ist alles nicht wirklich dramatisch – lässt aber Deutsche umso mehr spüren, dass sie nun nicht mehr sportliche Frauen wie vorher sind, sondern gemütliche, mollige Mütter. Zuerst ist es spaßig, drauflos zu futtern. Schätzungsweise acht von zehn meiner Freundinnen achten seit ihrem 20. Lebensjahr auf ihr Gewicht und essen nicht wie der Partner ohne Gewissensbisse eine doppelte Pommes Mayo oder verschlingen beim Sonntagskrimi gedankenlos eine Tüte Chips. Viele Frauen sind permanent unzufrieden mit ihrem Körper. Die Australierin Taryn Brumfitt, früher professionelle Bodybuilderin und dann stolze und körperlich „weich" gewordene Mutter, hat mal ein Experiment auf der Straße gemacht: Sie fragte hundert Frauen nach einem spontanen Wort über ihren Körper. Die häufigste Antwort war „fett" und „abstoßend", auch die Attribute „ekelig" und „unförmig" fielen häufig. Nur zwei von hundert Frauen hatten eine positive Antwort für sich selbst übrig. Frauen sind einem ständigen Schönheitswahn ausgesetzt, schon zu Teenagerzeiten versuchen wir, den Models auf den Covern zumindest ähnlich zu sehen, wir verzichten auf Schokolade oder essen nur noch zweimal am Tag, Kartoffeln nur noch ohne Sauce oder morgens nur noch eine Ananas oder schütten teure Pulvershakes in uns hinein, anstatt Lebensmittel zu essen. Dieses drängelnde Ideal tritt während der Schwangerschaft glücklicherweise in den Hintergrund – unser Körper verändert sich, und irgendwie haben wir das Gefühl, ohnehin nicht mehr alles kontrollieren zu können. Wir schließen zum ersten Mal Frieden mit den Pfunden.

Der stetig runder werdende Bauch signalisiert uns frohlockend: Jetzt endlich darfst du zunehmen, ja, du sollst sogar zunehmen. Plötzlich sind buttrige Croissants, Milchshakes und Vollnussschokolade völlig okay, das Kind braucht auch Calcium, also ist auch die Käsepizza gut für uns und im Apfelkuchen soll ja auch so viel Magnesium sein, sehr wichtig für die gute Durchblutung der Beine in der Schwangerschaft. Es ist wie ein Befreiungsschlag nach vielen Jahren des vernünftigen, maßvollen Essens. Aber der Triumph ist nur von kurzer Dauer. Nach der Schwangerschaft sind diese Kilos plötzlich nicht mehr okay. Wir fühlen uns nicht mehr frei, sondern beschwert. Manche Frauen wollen sogar auf weitere Kinder verzichten, aus Angst, ihren Körper noch weiter „entgleiten" zu sehen.

Was in der Schwangerschaft gesellschaftlich akzeptiert wurde, ist plötzlich unangenehm. Eine Freundin von mir und frischgebackene Mutter wollte eines Mittags nur ungern in unsere Stammkneipe gehen, weil sie sich nach der Entbindung so verändert habe. „Ich fühle mich unwohl, lass uns lieber dahin gehen, wo uns keiner kennt", sagte sie. Wir landeten bei irgendeinem Italiener, der sich uns als Rocco vorstellte. Er nannte uns unaufhörlich „Signorinas", und die Stimmung war gerettet. Aber ich fand es traurig, wie das schöne körperliche Ereignis „Geburt" plötzlich so viel Kummer bereiten kann.

Ein Kummer, der Französinnen dank der recht strengen Vorgaben für die Schwangerschaft meistens erspart bleibt. „Sie dürfen nicht für zwei essen", steht in jedem Ratgeber, und in den Wartesälen für die Utraschalluntersuchung hängen Poster mit Fotos von Rationen, die Schwangere nun zusätzlich essen können. „Sie benötigen nur wenig mehr", steht da, und darunter ist beispielsweise ein kleines Stück Baguette mit Frischkäse abgebildet oder drei Löffel Nudeln mit Tomatensauce und einem Basilikumblatt oder ein Milchbrötchen mit Marmelade. Bei jedem Arztbesuch wird peinlich genau das Gewicht notiert. Einmal zog ich, erschrocken über die Anzeige, auf der Waage meinen Gürtel aus der Hose, weil er mir so schwer vorkam. Die Krankenschwester lachte – der Gürtel wog nur 80 Gramm. Irgendwie fand ich diese Kontrollen immer unangenehm, aber sie wirkten: Wie meine französischen Freundinnen aß ich so ähnlich weiter wie sonst, ich hatte gar nicht erst das Gefühl, nun so richtig reinhauen zu können.

Ich möchte hier nicht irgendeinen Schönheitswahn preisen. Ich halte Models mit Kleidergröße 34 für geradezu gefährlich und immer perfekt gestylte Frauen für suspekt. Wer hat schon so viel Zeit, um sie vor dem Badezimmerspiegel zu verbringen? Ich habe in meinem Leben nicht länger als vier Stunden hochhackige Schuhe getragen, ich halte Diäten allgemein für abwegig und bin die Letzte, die von Frauen verlangen würde, sich ewig sexy und tief ausgeschnitten zu präsentieren. Models wie Heidi Klum, die uns mit ihrem Waschbrettbauch vormachen, kurz nach der Entbindung wieder gestählte Körper haben zu können, versprühen nur einen unangenehmen Druck.

Aber ein paar Kilos können mehr bedeuten, als nur einem künstlichen Körperideal hinterherzurennen. Nach der Geburt wieder ungefähr so auszusehen wie vorher heißt auch, seinem eigenen Ideal treu zu bleiben – und sich ein wenig von der alles dominierenden Mutter in uns zu verabschieden. Es bedeutet anzuerkennen, dass wir nicht nur Mutter sind. Dass wir auch noch andere Interessen haben und nicht nur perfekt darin sein können, unsere Kinder zu behüten und uns dabei selbst vergessen. Élisabeth Badinters entscheidender Satz „Ich bin eine mittelmäßige Mutter" wirkt sich auch auf unsere Körper aus.

Offenbar fällt es Französinnen auch deswegen leichter, ihre natürliche Unzulänglichkeit als Mutter zuzugeben, weil sie zugleich noch Frau und berufstätig sind, sie sind Freundin und Schwester geblieben. Französinnen finden alle Rollen etwa gleich wichtig. Und das sieht man ihnen auch an. Meine deutschen Freundinnen würden wohl immer der Mutterrolle den Vorrang geben, schon allein aus schlechtem Gewissen. „Ich bin zwar berufstätig, aber niemand soll mir vorwerfen, nicht gleichzeitig eine gute Mutter zu sein", sagen sie. Auf der Strecke bleiben dabei wir selbst. Während das kleine Söhnchen oder die kleine Tochter die süßesten Strampler trägt, kommen wir häufig nicht mehr aus den Pluderhosen und Fleecejacken heraus. Wir gehen wochenlang nicht mehr zum Friseur, obwohl uns das früher wichtig war. Wenn wir shoppen, dann nur noch kochbare Lätzchen und Mützen mit Hasenohren, und während wir unseren hinreißenden Nachwuchs im neuen Kinderwagen vor uns herschieben, sehen wir selbst ganz vernachlässigt aus.

Ich bin durch diese Phase gegangen. Nach der Geburt trug ich erst die weitesten Shirts, die ich im Schrank finden konnte, schließlich schmerzte noch meine Narbe vom Kaiserschnitt bei jeder Berührung. Dann hatten sich diese Hänger plötzlich eingebürgert, sie waren praktisch, und überhaupt schien immer irgendwo ein Milchfleck zu drohen. Es wäre also zu schade um die Lieblingsblusen, die unter dem Bett verstaut waren.

Dann aber traf ich in einem Babymassagekurs Mathilde, Céline und Julie. Wir vier kannten nur ein Thema – unser Baby. Wie klappt es mit dem Stillen? Wie häufig wecken sie uns in der Nacht? Sind die Bauchkoliken von Neugeborenen ein hartnäckiger Mythos oder schreien sie einfach nur so aus allgemeinem Unwohlsein? Praktiziert in der Nähe eine homöopathische Kinderärztin und wenn ja – ist sie auch vertrauenswürdig? Ist dem Kleinen zu heiß in dem Babyrucksack, zu kalt in dem Body? Wir redeten viele Stunden, jeden Mittwochmorgen.

Aber während wir so gemütlich in unserer Café-Bar saßen, abwechselnd stillten, Bagels mit viel Avocadocreme aßen und Morcheeba entspannt aus den Lautsprechern quoll, schien ich mir plötzlich aus dem Rahmen zu fallen. Meine Schwangerschaftshose befand ich als elefantös und den ausgebeulten Kapuzenpulli als zu schäbig. Ich konnte mich nicht einmal daran erinnern, ob ich nach dem Aufstehen meine Haare gebürstet oder sie direkt zu einem Pferdeschwanz zusammengezwirbelt hatte. Das ist mir zugegebenermaßen auch schon lange vor Freds Geburt passiert. Aber meine drei neuen Freundinnen sahen gepflegter aus. Sie waren so müde wie ich, aber sie schienen schon wieder mehr im Leben zu stehen – und sich selbst, trotz Windelkacke und Stillmarathon, mehr Zeit zu gönnen.

Julie trug ein schickes Wickelkleid und kam gerade vom Friseur. „Hach, das musste einfach mal wieder sein nach den Tagen im Krankenhaus", sagte sie. Obwohl sie Alissia, wie mir schien, unaufhörlich anlegen musste, ging sie wie schon vor der Geburt einmal in der Woche schwimmen – zwei Kilometer durchkraulte sie dabei, während ihr Mann mit der Kleinen am Beckenrand wachte. Mathilde trug ungefähr den hübschesten Still-BH, den ich je gesehen hatte. Er war mit Spitzen besetzt und hatte feine Trägerriemchen – kein Vergleich zu den deutschen, robusten Modellen mit plumpen Schulterbändern. „Den hat mir Greg zur Geburt geschenkt", sagte sie. Offenbar hat ihr Mann auch beide Seiten von Mathilde im Kopf – die attraktive Frau und die stillende Mutter. Und Céline, eine sehr sportliche Frau, trug wie immer dunkle Jeans und Sportschuhe, einen faszinierend mittigen Dutt auf dem Kopf und dazu klimpernde Creolen.

Ich hatte nicht den Eindruck, dass die drei sich unter Druck fühlten, wieder schnell einem künstlichen Ideal zu entsprechen. Sie schienen mir sehr bei sich zu sein. Wer jemals im ausgeblichenen T-Shirt auf einem überraschend feinen Empfang auftauchte oder aber, fast noch schlimmer, mit einem schicken Kleid zu einer grungigen Party aufbrach, weiß, wie sehr das Outfit darüber bestimmt, ob wir uns fehl am Platz oder genau richtig fühlen. Es bestimmt auch darüber, ob wir uns wie eine schlagfertige Freundin oder wie eine treusorgende Mutter fühlen. Eine ausgebeulte Jogginghose signalisiert unterbewusst beständig: „Du brauchst dich nicht um dich selbst zu kümmern. Hauptsache, du kannst mit deinem Beinkleid hinter dem Kind herkrabbeln." Ebenso wie sich auf die alte Garderobe in unserem Kleiderschrank die Staubflocken legen, überzieht sich auch unser Körper mit einer neuen Mutterschicht.

Problematisch wird dieses Outfit, wenn wir es gar nicht mehr ablegen. Und eben nur noch gemütliche Tröst- und Füttermamas sind. Wenn diese Mutterschicht wie Klebe an uns haftet und im Beruf der sichtbare Beweis dafür ist, nicht mehr die Alte zu sein. Französinnen scheuen diese Mama-Reputation. Einer der häufigsten Tipps in französischen Zeitschriften und Ratgebern für berufstätige Mütter lautet: „Verbrennt eure Schwangerschaftsklamotten." Das ist wohl nicht wörtlich zu nehmen – aber soll nicht nur zufällig an die Losung von Feministinnen 1968 erinnern, die Büstenhalter zu verbrennen. Damals ging es darum, aus der Rolle der unterdrückten Frau auszubrechen – und heute geht es den Französinnen darum, aus der Rolle der Mutter ausbrechen zu dürfen. Und auch das sein zu können, wofür die 68er gekämpft haben: gleichwertige Kolleginnen, selbstbewusste, unabhängige Frauen mit eigenen Interessen. Die Mutter bleibt mit ihren Schwangerschaftsklamotten zuhause, die kompetente Kollegin im Anzug, die Frau im Jogging-Dress ist wieder da. Dafür ist es eben wichtig, auch äußerlich an die toughe Mitarbeiterin von früher zu erinnern und nicht völlig verändert auf der Arbeit wieder aufzutauchen. Ich glaube, das hilft vor allem auch uns selbst. „Wie du nach deinem Mutterschutz auftrittst, entscheidet darüber, wie dich die Umwelt wahrnimmt: Wird sie dich nur noch durch das Prisma der ‚Mutter' ansehen? Oder deine Elternschaft zwar als einen Teil von dir, aber nicht als den allein entscheidenden wahrnehmen?", heißt es in einem Ratgeber.

Wie sehr sich unser „Zurechtmachen" auf unsere innere Haltung auswirkt, kann ich seit Jahren an mir selbst erfahren. Ich arbeite häufig alleine vor dem Computer – und wenn ich morgens keinen Termin außer Haus habe, ist es mir schon passiert, quasi im Pyjama in die Tasten zu hauen und mir darin sogar das Mittagsbaguette zuzubereiten. Bis ich merkte, wie sich dieser Schluff-Stil in der Arbeit niederschlug. Meine Stimme klingt am Telefon jünger und weniger professionell, und ich meine sogar, mich schlechter konzentrieren zu können, wenn ich äußerlich im Schlafmodus stecken geblieben bin.

Genauso ist es mit der Schwangerschaftsfigur und -kleidung. Sie lässt uns in einem Zustand verharren, in dem wir uns eigentlich gar nicht mehr befinden. Viele Frauen tragen ihre Hosen mit den weiten Bündchen auch noch Monate und sogar Jahre nach der Geburt weiter. Sie sind immer noch in einem körperlichen Ausnahmezustand und haben sich noch nicht in ihre alte Form zurückverwandeln können. Das ist in Deutschland irgendwie normal, aber wohl nur selten freiwillig.

Auch ich habe mich erst wieder richtig wohl gefühlt, als ich die zwölf Kilo von der Schwangerschaft runter hatte – und war insgeheim heilfroh über den zugegeben unsanften Rat meiner Ärztin, nicht zu viel zuzunehmen. Diejenigen, die in Deutschland nicht gewarnt werden, müssen länger kämpfen. „Ich fühle mich noch gar nicht wieder wohl", sagen viele Freundinnen. Aber ihr Baby scheint alle Aufmerksamkeit buchstäblich aufzufressen. Haben sie früher sehr auf eine gesunde Ernährung geachtet, essen sie nun zwischendurch die Breireste von ihrem Baby auf und schieben sich abends müde eine Pizza in den Ofen. Wellten sich früher wilde Locken über die Schultern, tragen sie nun eine praktische Kurzhaarfrisur auf dem Kopf. „Mamatiere" heißt es manchmal abschätzig über sie, so, als hätten sie sich in irgendeine tierische Urform zurückverwandelt.

Natürlich verändert sich ein Körper nach der Geburt, und bis auf wenige gestählte Ausnahmen auf dem Laufsteg sehen die meisten Frauen nachher etwas anders aus – ein bisschen runder, vielleicht haben sich die Proportionen verschoben. Schließlich haben wir ein Kind geboren! Manchmal ist das Becken weiter geworden, manchmal auch die Haare dünner, weil der Körper eine hormonelle Achterbahn durchfährt. Manche Frauen können ihre Kalziumreserven nicht so schnell wieder auffüllen und leiden unter Zahnfleischbluten oder vermehrtem Karies, manche haben eine kürzere oder längere Menstruation, eine schmerzhaftere oder auch leichtere. Manche mögen plötzlich Nahrungsmittel nicht mehr, die sie vorher bevorzugten, oder haben Heißhunger auf Gurken, Eis oder Milchreis, den sie vor dem Kind nie verspürten. Ich meine, immer noch intensiver als vorher riechen zu können, und meine Hüften sind auch noch breiter. Die Schwangerschaft hat uns verändert und niemand möchte das leugnen oder missen.

Aber zwischen den Models, die ihre erste Zeit nach dem Kreißsaal berufsbedingt mit Sit-ups verbringen, und den Müttern, die nach der Geburt nicht wieder zu erkennen sind, gibt es doch noch einen schönen Mittelweg: sich selbst etwas Gutes zu tun und sich nicht zu vernachlässigen. „Es ist wichtig, dass du dich wieder schön fühlst", sagte meine Hebamme Laurence bei einem unserer intimen Beckenbodentrainings. „Ach, im Moment bin ich nur mit Fred beschäftigt", sagte ich leichthin. „Écoute", sagte Laurence plötzlich sehr ernst, „hör mir zu, das ist wichtig: Dein Kind wird wunderbar wachsen und gedeihen, es ist ein properes, gesundes kleines Kerlchen. Du hast ihm das alles über neun Monate lang geschenkt. Jetzt musst du auch an dich denken. Geh in die Sauna, mache jeden Morgen ein paar angenehme Atemübungen oder gönn dir eine Massage. Glaub mir, dem Kleinen geht es besser, wenn du dich wohl fühlst."

Da war er wieder, dieser allgegenwärtige französische Satz: „Geht es dir gut, geht es auch dem Kind gut." Ein sehr entlastendes Mantra. Instinktiv hatte Laurence gespürt, dass es mir leichter fällt, Dinge für mich zu tun, wenn es auch gut für mein Kind ist. Ich wünschte manchmal, meinen deutschen Freundinnen ein wenig von dem französischen, gesunden Egoismus herüberzuschicken, der sich langsam in mir breitmacht.

Das Müttergenesungswerk titelte sogar einmal: „Gesundheitsrisiko Mutter". „Die Zahl der Mütter mit Erschöpfungssyndrom bis hin zum Burn-out, mit Schlafstörungen, Angstzuständen, Kopfschmerzen oder ähnlichen Erkrankungen ist in den letzten zehn Jahren um 37 Prozentpunkte gestiegen", sagt die Geschäftsführerin Anne Schilling. Eine der häufigsten Ursachen sei es auch, keine Zeit mehr für sich zu finden.

Viele Babys plantschen schon mit wenigen Wochen im warmen Schwimmbadwasser, auf Schaumstoffnudeln werden sie liebevoll durch das Becken geschoben. Ihre Arme und Beine werden beim Pekip-Turnen in schwül beheizten Räumen gedehnt, sie werden zwei Mal wöchentlich ölig massiert und beim Baby-Yoga mit entspannender Musik in die Kobra-